神田裕行のおそうざい十二カ月

暮しの手帖社

はじめに

料理じょうずになりたい、という方のために、わたしが今、あらためてお伝えしたいのは、昔から日本の家庭料理としてなじみのある和の「おそうざい」です。誰もが味を想像できて、食べるとほっとする、そんなおそうざいをきちんと作れるようになっていただきたいのです。一度も作ったことがないような珍しい料理に挑戦するのも、ときにはよいことです。でも、平凡な料理をしっかりと自分のものにするほうが、料理じょうずへの近道です。

得意料理は五品で充分。あれもこれもとレシピを増やさずとも、まずは自信を持って作れる料理を五品持つことから始めましょう。ほんとうにおいしいおそうざいが作れたなら、それをくり返すだけで、そんなに飽きることはありません。わたしの母の得意料理も、やはり数えられる位ですが、どれも心に強く残っていて、今でも「ああ、食べたいなあ」と思い出すものばかりです。

おそうざいは難しいものではありません。二度、三度と作るうちに、レシピが自分のものになり、やがて素材を変えたり味に変化をつけたりして「わが家の味」が決まってくるのです。

どんな料理が作れたら、
忙しい毎日の中で無理なく、
ほっと心休まる食卓にできるでしょう。
わたしの考える「おそうざい」には、
作りやすく、何度食べても
飽きない秘訣があります。

少ない材料で手早く作れて、
素材の味が引き立ちます。

おそうざいは毎日食卓にのぼるものだから、少ない材料、家にある基本の調味料で、作りやすいことが大切です。わたしは料理を作るとき、主材料を三つ程にすることに決めています。材料の種類が少ないほうが、それぞれの味が引き立つからです。この本では、素材の風味を生かす組み合わせについても、ていねいにお伝えします。

「適度なうま味」だから、
飽きのこない味に仕上がります。

今、世間でもてはやされている料理は、うま味が過剰だと思います。ひと口目においしいと感じても、三口目には飽きてしまう。そして過剰なうま味に舌が慣れてしまうと、ほんとうのおいしさを感じ取れなくなってしまうのです。この本で紹介するおそうざいは、まっさらな子どもの舌を育てるのにも適した「適度なうま味」で、最後のひと口まで、飽きない味に仕上がります。

できたても、翌日もおいしいから、
作りおいて何度も食卓にのせられます。

和のおそうざいは、洋食や中華に比べて、油をあまり使わないので、作った翌日にもおいしくいただけるものばかりです。ダシのうま味がよくしみて、できたてよりおいしくなるものもありますから、大らかな気持ちでたくさん作ってください。無理して、できたての料理ばかりで献立をそろえなくてもいいのです。くり返し食卓にのせ、味わいの変化を楽しんでほしいと思います。

目次

秋のおそうざい　113

冬のおそうざい　141

甘味

コラム

この本で作るときに

◎この本でご紹介しているレシピの計量単位は、カップ１杯は200㎖、大サジ１杯は15㎖、小サジ１杯は５㎖です。計量カップや計量スプーンで量りにくいものは、ｇで示しています。

◎どうか、ひとつの料理を３度は作っていただきたいのです。１度目からほんとうにおいしく作れるかといえば、それはまぐれあたりのホームランを狙うようなものです。２度、３度と作るうちに、きっとうまくなっていくのです。失敗しながらうまくなる、そのくり返しを、嫌だな、と思うか、楽しめるかが、料理じょうずになる分かれ目だろうと思います。

◎材料の分量は、はじめて作るときは、本にある通りに作ってみてください。そして、２度目、３度目からは、食べた人の好みを聴いて、「わが家の味」にアレンジしていただけたらいいと思います。

毎日食べても飽きないおそうざい作りの秘訣

毎日食べたくなるようなおそうざいを作るために、ぜひ覚えていただきたい秘訣があります。

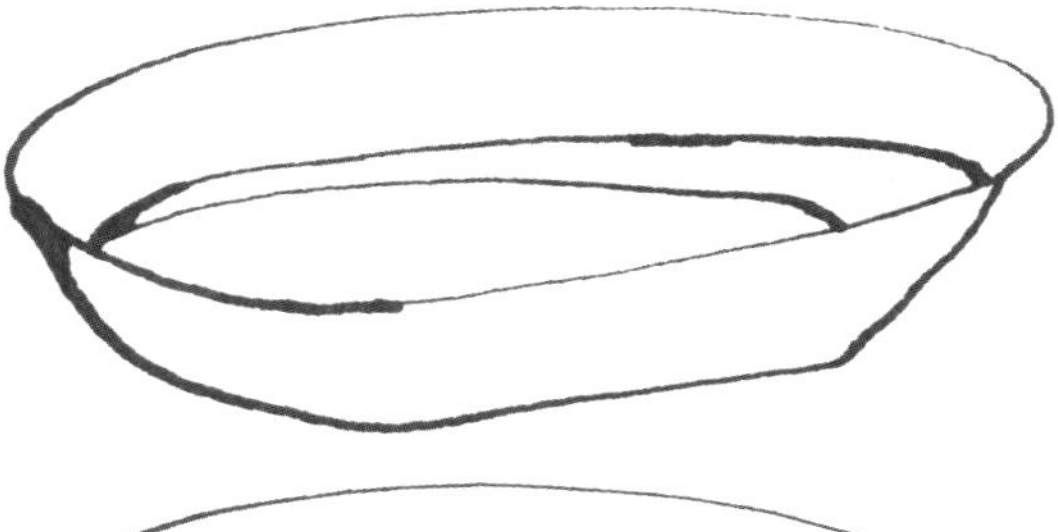

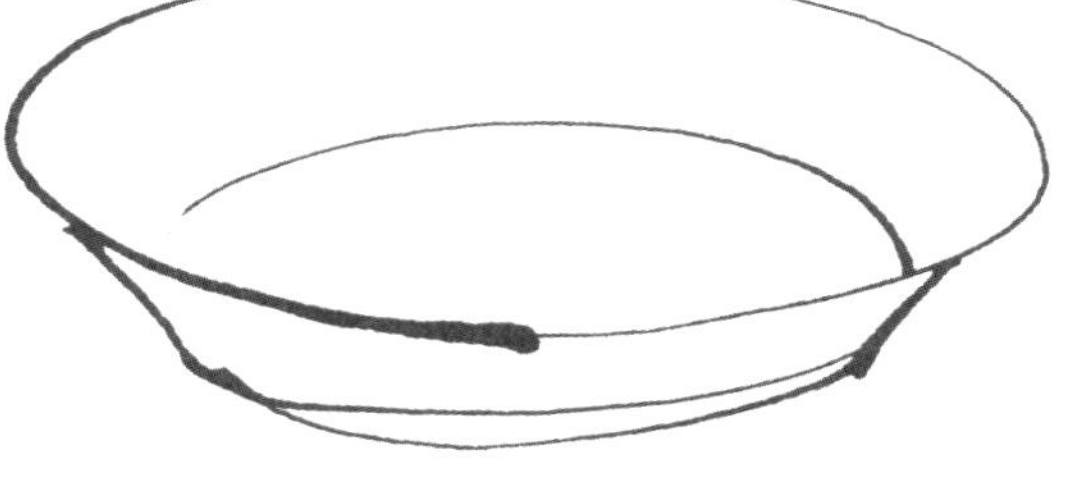

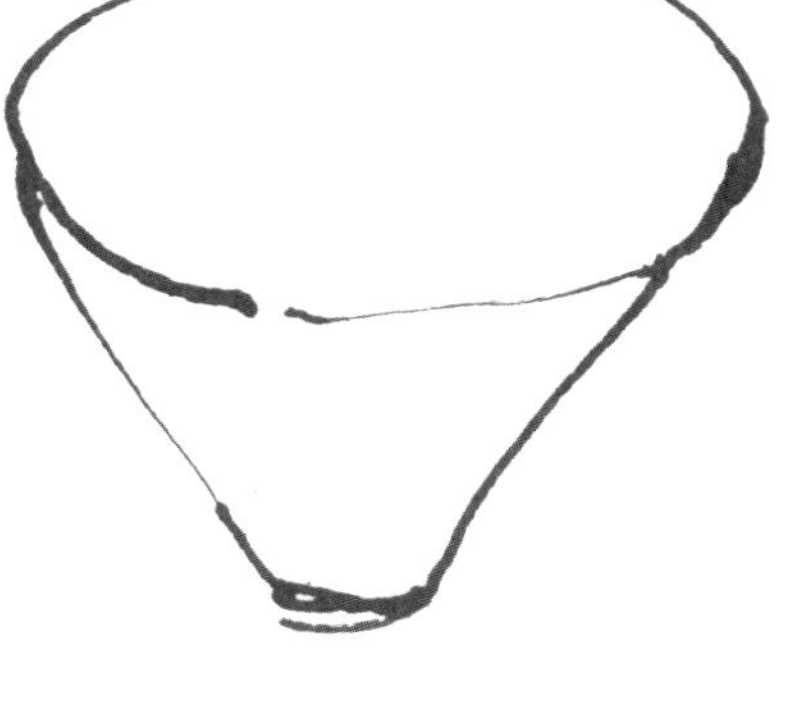

秘訣1

ダシ

家庭料理といえば、近頃は洋食や中華が多く、晩ご飯に和食のメニューが少なくなったように思います。その原因のひとつは「ダシ離れ」ではないでしょうか。

お吸いものから煮ものまで、毎日のおそうざいに欠かせないダシ。そのつどとるのはハードルが高いと思われがちですが、手のすいたときに何食分かのダシをまとめてとれば効率的です。毎回手をかけなくても、さっと手早く料理が作れて、しかもおいしい。

ひと口にダシといっても、そのうま味にはさまざまな種類があり、味わいも異なります。それらは単独で使うより、組み合わせることでさらにおいしくなります。料理によって使い分けたり、組み合わせたりしましょう。

ときには即席の粉末ダシを使うこともあるかもしれません。そんな場合は、量を控えめにするよう心がけます。即席のダシはうま味が強すぎるので、素材や調味料の味が隠れてしまわないようにするためです。

かつお昆布ダシ

材料（出来上がり約750㎖）

・ダシ昆布（羅臼昆布など）…10g
・かつおぶし…30g
・水…1ℓ

作り方

鍋に、水、ダシ昆布を入れて、1時間程おきます。中火にかけ、沸騰したら昆布を取り出し、かつおぶしを入れます。再び沸騰したら火を止めてアクをすくい取り、そのまま静かに3分程おき、かつおぶしが沈んできたら静かにザルで漉します。

◎ここでご紹介したのは、市販の手に入りやすい材料で、おいしいかつお昆布ダシをとる方法です。

◎昆布とかつおぶしの量が多いと思われるかもしれませんが、この量とバランスが大事なのです。かつお昆布ダシのおいしさは、かつおぶしのうま味成分であるイノシン酸と、昆布のうま味成分であるグルタミン酸の相乗効果で生まれます。

◎大切なのは、浄水器を通した塩素臭の少ない水や、軟水のミネラルウォーターを使うことです。

◎ダシをとったあとの昆布は、うま味はほとんど出てしまっていますが、煮ものの具にしたり、佃煮にしたりして召し上がっても結構です。ザルに残ったかつおぶしは、しぼるとえぐみや渋味が出るので、しぼりません。しょう油とみりんなどで炒め、ふりかけにすることもできます。

◎もっとも、昆布とかつおぶしの質が、ダシの味を左右するのは間違いありません。わたしの店「かんだ」では、昆布は羅臼昆布、かつおぶしは本枯節を毎日削って使っています。本枯節を

削ったかつおぶしは市販のかつおぶしに比べて厚く削っていますし、うま味も深いので、弱火で20分程煮出しています。そうすると、うま味、甘味、香りはもちろん、えぐみ、渋味なども引き出した強い味わいになります。野菜や米などを炊くと、バランスよく仕上がります。上質なかつおぶしが手に入ったら、ぜひお試しください。

煮干しダシ
（いりこダシ）

材料（出来上がり約1.2ℓ）
- 煮干し…45g
- 水…1.5ℓ

作り方

煮干しの頭とワタを手で取り除いてボールに入れ、水を加え、冷蔵庫で一晩おきます。キッチンペーパーをしいたザルで漉します。

◎煮干しダシのうま味成分はイノシン酸です。このうま味成分は冷水に溶けます。煮干しを入れたまま沸かすと魚くさくなるので、ダシを水出しして漉します。煮干しの頭とワタは雑味の元なので、すっきりとした上品な味わいに仕上げるために手で取り除きます。煮干しダシには独特のコクがあり、おでんなどに使うと、わたしはおいしいと感じます。

干し椎茸ダシ

材料（出来上がり約３５０㎖）
- 干し椎茸…３枚（15g）
- 水…カップ２杯

作り方

干し椎茸は、軸を取り除いて（スライスしてあるものはそのまま）ボールに入れ、被る位の水（分量外）を注ぎ、10分おきます。水を捨て、再び水を加えて、冷蔵庫で一晩おきます。干し椎茸を取り出します（スライスしてあるものはザルで漉します）。

◎干し椎茸には強いうま味と香りがあり、コクのあるダシがとれます。このうま味成分はグアニル酸で、日本人が

発見したと言われています。干し椎茸ダシを使って野菜を煮ると、しみじみとしたおいしさが味わえますし、魚を煮ると魚のくさみが取れる効果があります。精進料理に主に使われるのが、この干し椎茸ダシと昆布ダシです。ダシをとったあとの椎茸は、煮ものに入れると、うま味が増しておいしくいただけます。

干しエビダシ

材料（出来上がり約４００㎖）

・干しエビ…12g

・水…４２０㎖

作り方

鍋に干しエビと水を入れ、3～4時間おきます。鍋を強火にかけ、沸騰したらアクを取り、火を止めます。キッチンペーパーをしいたザルで漉します。

◎干しエビには、イノシン酸とグルタミン酸のうま味が含まれていて、濃厚なダシがとれます。ほのかな甘味と独特の香りがあるため、風味の強い野菜と合わせて煮ものにするほか、淡白なそうめんのつけ汁に加えたり、ダシの風味を生かして炊き込みご飯を作ってもおいしいものです。

干し貝柱ダシ

材料（出来上がり約８５０㎖）

・干し貝柱…30g

・水…１ℓ

作り方

干し貝柱と水をボールに入れ、冷蔵庫で一晩おきます。キッチンペーパーをしいたザルで漉します。

◎干し貝柱のうま味成分は、グルタミン酸や、貝類に多く含まれるコハク酸です。とてもコク深いダシがとれ、米や野菜と一緒に炊くとうま味を増します。わたしは、このコハク酸は、ほかのうま味成分と比べにくい、独特で繊細なものだと思っています。ぜひ感覚を研ぎ澄まして味わってほしいと思います。

秘訣2

ご飯

わたしたちは、ご飯のおいしさに飽きるということがありません。ほとんどの料理は塩味を効かせることによっておいしさを感じるのですが、ご飯にかんしては不思議なことに、米と水以外なにも入れないのに、おいしいと感じるのです。米が持っている穀物としての甘味、香り、食感。そのわずかな違いを感じ取って、「このお米はおいしい」と判断する日本人の感覚は、すごいと思います。だから、ご飯がおいしくいただけたなら、それだけで日々の食事に高い満足感を得られるでしょう。

ところが、ほかの料理はいちばんおいしいタイミングで食卓へ出そうと努力するのに、ご飯だけは先に炊いておくという人が多いのです。ご飯は炊きたてがいちばんおいしい。ご飯もひとつの料理、それもメインの料理だと考えてはいかがでしょうか。もしそのつど炊くのが難しいなら、炊きたてをすぐに冷まして、いただく直前に温めるだけで、ずいぶん違うものです。

①米を洗います

米をボールに入れ、水を勢いよく加えながらさっとかき混ぜ、すぐに水を捨てます。少し水を加え、手を熊手のような形にして、軽い力でシャリシャリと、10回程素早くかき混ぜます（a）。米の表面を、米粒同士の摩擦で磨くイメージです。ボールに水を加えてすすぎ、水を捨てます。加えた水ににごりが出なくなるまで、2～3回くり返します。

◎米は洗っているうちに水を吸って、どんどん柔らかく、割れやすくなっていきます。米が割れると、炊いたときにでんぷんが出て、粘り気の強いご飯になってしまいます。余計な力を入れず、手早く洗いましょう。

②吸水させます

米を入れたボールに、被る位の水を入れ、夏は30分、冬は1時間程浸水させて（b）、ザルに上げます。

③水加減をします

鍋に米と水を入れます（c）。水の量は吸水させたあとの米と同体積です。

◎炊飯器で炊く場合も、水の量は同じです。水は、浄水器を通したものや、軟水のミネラルウォーターを使うと、よりおいしく炊けます。

④炊きます

1　鍋のフタをして、3分、弱火にかけます。

◎鍋の中の温度をゆるやかに上げ、鍋の中で米粒が対流しやすくします。

2　中火～強めの中火にし、約5分かけて沸騰させます。フタの隙間から蒸気や粘り気のある泡が吹き出したら沸騰した合図です（d）。

3　沸騰したら弱火～中火にして、沸騰状態を5分保ちます。

4　弱火にしてさらに5分炊き、最後に30秒強火にかけ、火を止めます（e）。

◎火を止めたあと、蒸らし時間はとりません。ふつうは、鍋の中の水蒸気をご飯に吸収させてふっくらとさせるために蒸らし、最後にご飯を切るように混ぜて水分をとばします。ここでは、逆に強火で30秒加熱することで、水蒸気や鍋底に残った水分をとばします。すると、ご飯がベチャッとせず、フワッと炊き上がります。

5　フタを開け、鍋の中のご飯をかき混ぜないように、しゃもじをそっと差し込み（f）、そのまますくって茶碗に盛ります。

◎わたしは、ご飯を口に入れたときのご飯粒の密度も、おいしさの大切な要素ではないかと思っています。つかず離れず、鍋の中で対流して粒が自然な間隔で並んでいるご飯は、それだけで口あたりがとてもよいのです。それは例えば、熟練した職人が作った握りずしと、そうでないかたいすしの違いに似ています。だから、炊き上がったご飯の上下をしゃもじで返したりせず、そのまま茶碗によそいます。

⑤ご飯は保温しません

すぐに食べきらないご飯は、バットなどに広げて湯気をとばし、一気に冷ましておきます。温め直すときは、フタのある陶器に入れて電子レンジにかけると、均一に温まります。

◎ご飯は、炊飯器などの中で長い時間保温すると、みずみずしさがなくなり、食感が悪くなります。これからご紹介するおそうざいは、時間をおいたほうがおいしくなるものもありますから、一度にたくさん作って、何度も食卓に出していただきたいのですが、ご飯だけは、できればそのつど炊いてほしいと思います。炊きたてのご飯は、何よりのごちそうです。ただし、丼ものは、温め直したご飯でもおいしくいただけます。

新米のはなし

米はたいてい、五月頃に田植えをして、十月頃に収穫を迎えます。収穫した米は、もみ米や玄米の状態で翌年の秋まで貯蔵して、一年間をまかなうわけです。

収穫から日の浅い新米はみずみずしく、水分が多めです。大げさに言えば、生の野菜や生の椎茸みたいなものです。一方、長期間貯蔵した米は、干し野菜や干し椎茸みたいなもの。新米は生鮮食品で、貯蔵した米は乾物と考えるとわかりやすいでしょう。

新米にはぬかのにおいもあまりついていないため、それほど洗う必要がありません。一方、ひと夏を越した米は、においがあったり、もみ米のまま貯蔵したとしても、米の水分が多少とんでいます。だから、よく洗って吸水させてから炊くのです。

秘訣3

調味料

毎日食べても飽きがこない味とは、どんな味でしょう。料理に自信がないと、どうしても濃いダシをとり、調味料を足して濃い味にすることで安心しようとしがちです。でも、ダシが濃ければ濃いほどおいしいというわけではありません。うま味が濃いと、それに見合っただけ多くの塩分や調味料を入れなければならず、どうしても飽きやすい味になってしまうのです。〝less is more〟という言葉があります。「少ないことは、豊かなこと」。うす味の料理を味わうと、人は感覚を研ぎ澄まし、素材のほんとうのおいしさを探します。そんなふうに味わう料理は飽きないのです。

ここでは、おそうざい作りによく使う調味料を紹介します。特徴を知れば、適したものを適量、使えるようになります。また、同じ配合でさまざまな料理に展開できる「合わせ調味料」も紹介します。保存がきくものもありますから、忙しい毎日に役立つことと思います。

基本の調味料

砂糖

最も一般的な「上白糖」のほかに、わたしはよく「三温糖」を使います。三温糖にはカラメルの風味があり、料理に加えるとコクが出ます。

みりん

みりんは、焼酎にもち米と麹を加えて発酵させたものです。うま味と甘味、独特のコクがあり、煮ものや焼きものが照りよく仕上がります。

日本酒

日本酒も料理に欠かせない調味料です。うま味と甘味があるほか、魚を煮るときに、魚のくさみを抑えます。

しょう油

よく使われる「こい口しょう油」には、うま味やほのかな酸味、甘味があり、煮もの、焼きもの、かけじょう油にと、万能に使うことができます。この本で、単に「しょう油」と表記しているのは、こい口しょう油です。

「うす口しょう油」は、こい口に比べて色が淡く、塩分が多く、すっきりした味わいです。お吸いものやうどんのつゆなど、ダシの風味を味わうものに用います。

「たまりじょう油」はほとんど小麦を使わず大豆だけで作られたもので、トロミと濃厚なうま味が特長です。煮ものに加えるとコクが出ます。

「生《き》じょう油」は、もろみをしぼって濾過し、加熱処理をしていないもの。刺身などの素材の味が引き立ちます。

みそ

みそは、主原料によって「豆みそ」「米みそ」「麦みそ」、色によって「赤みそ」「淡色みそ」「白みそ」、塩分濃度によって「辛みそ」「甘みそ」などに分類されます。この本では、米を主原料とした「白みそ」や辛い「赤みそ」を使いました。

◎調味料は、入れる順序も大切です。「さしすせそ」と言いますが、これは「砂糖、塩、酢、しょう油《（せ）》、みそ」の順に入れましょう、という意味。砂糖は塩より浸透しづらい性質を持っています。ですから、煮ものに塩を先に加えると、いがらっぽいような違和感が残ってしまいます。また、塩を最初に加えると、食材から水分が出てしまいます。調味料は、順序を守って加え、先に入れたものが完全に溶けてから次を加えるようにすると、料理の味に一体感が出ます。

合わせ調味料

割り下

◎割り下は、みりん8：日本酒2：しょう油3の割合で配合します。肉などと相性のよい甘辛味で、すき焼きや肉じゃが、きんぴらごぼう、魚の幽庵焼きなどの味つけに使います。

材料（出来上がり約260㎖）

- みりん…180㎖
- 日本酒…大サジ3杯
- しょう油…大サジ4½杯

作り方

鍋にみりんと日本酒を入れて中火にかけ、ひと煮立ちさせてアルコールをとばします。火から下ろし、冷めたらしょう油を加えます。

保存期間

保存ビンに入れ、冷蔵庫で2～3カ月持ちます。

割り下を使った料理　肉じゃが（26頁）、豚の角煮（28頁）、サワラの幽庵焼き（60頁）、桜エビのかき揚げ丼（66頁）、春野菜の山椒炊き（78頁）、トマト牛丼（110頁）、牛肉ときのこのすき焼き（116頁）、豚肉と野菜のさっと煮（125頁）

八方ダシ

◎八方ダシは、かつお昆布ダシ8：みりん1：うす口しょう油1の割合で配合します。八方ダシは、味つけに用いるものではなく、野菜などの風味を引き出す万能ダシです。野菜の煮びたしや炊き込みご飯、鍋もののつけダレやめんつゆにするなど、幅広く使えます。

材料（出来上がり約500㎖）

- かつお昆布ダシ…カップ2杯
- みりん…カップ¼杯
- うす口しょう油…カップ¼杯

作り方

かつお昆布ダシ、みりん、うす口しょう油を混ぜ合わせます。

保存期間

保存がきかないので、そのつど作ります。

八方ダシを使った料理　小松菜と油揚げの煮びたし（42頁）、ほうれん草の

ごま和え（156頁）、親子丼（160頁）

タレ

◎このタレは、魚の味つけによく用いるので、別名「魚《うお》タレ」と呼んでいます。イワシの蒲焼きや、ブリ、サンマの照り焼きのほか、牛肉、鶏肉のくわ焼き、照り焼きにも使えます。

材料（出来上がり約120㎖）

- 日本酒…大サジ2杯
- みりん…大サジ2杯
- 砂糖…大サジ2杯
- しょう油…大サジ$1\frac{1}{2}$杯
- たまりじょう油…大サジ$1\frac{1}{2}$杯

作り方

鍋に日本酒とみりんを入れて中火で沸かし、アルコールをとばします。火を止めて、砂糖を加えて混ぜ、溶けたら、しょう油、たまりじょう油を加えて混ぜます。

保存期間

保存ビンに入れ、冷蔵庫で1週間程持ちます。

タレを使った料理 鶏とじゃがいものくわ焼き（30頁）、鶏そぼろ丼（52頁）、イワシの蒲焼き丼（108頁）

すし酢

◎すし酢は、巻きずしや押しずし、ちらしずしのすし飯を作るための合わせ酢です。あれば、さらにすだちなどの柑橘の果汁を小サジ1杯程加えるのもおすすめです。

材料（ご飯300gに対しての分量）

- 純米酢…大サジ2杯弱
- 三温糖…15g
- 粗塩…6g

作り方

ボールに純米酢、三温糖、粗塩を入れ、泡立て器で混ぜて溶かします。すし飯を作るときは、ご飯を飯台やボールなどに広げ、すし酢を加え、しゃもじでご飯を切るように混ぜ合わせます。

保存期間

保存ビンに入れ、冷蔵庫で2〜3カ月持ちます。

すし酢を使った料理 巻きずし（45頁）、アジの押しずし（103頁）

南蛮酢

◎酢のものなどによく使う「三杯酢」は、うす口しょう油1：みりん1：純米酢1の割合で配合する合わせ酢ですが、この南蛮酢は、さらに日本酒1、かつお昆布ダシ1、三温糖を少々を加えて酸味を和らげた合わせ酢です。魚や鶏肉のから揚げを漬け込みます。

材料（出来上がり約500㎖）

- うす口しょう油…カップ1/2杯
- みりん…カップ1/2杯
- 純米酢…カップ1/2杯
- 日本酒…カップ1/2杯
- かつお昆布ダシ…カップ1/2杯
- 三温糖…30g

作り方

鍋にうす口しょう油、みりん、純米酢、日本酒、かつお昆布ダシを入れて沸かし、三温糖を加えて混ぜ、溶けたら火を止めます。

保存期間

保存がきかないので、そのつど作ります。

南蛮酢を使った料理　アジの南蛮酢漬け（90頁）

酒かすペースト

◎酒かすの風味を生かし、溶けやすいように水分を加えてペースト状にした、かす汁の素です。さらに白みそを加えて、切り身魚を一晩漬け込んで焼く、「みそ漬け焼き」などにも利用できます。魚を漬けたあとのかす床は、余分な水気を除いて1～2回使えます。

材料（出来上がり約365g）

- 酒かす…200g
- 白みそ…65g
- 日本酒…カップ1/4杯
- 水…カップ1/4杯

作り方

材料をフードプロセッサーにかけ、なめらかになるまで撹拌します。

保存期間

保存容器に入れ、冷蔵庫で1カ月程持ちます。

酒かすペーストを使った料理　ハマグリのかす汁（67頁）、秋鮭のみそ漬け焼き（120頁）

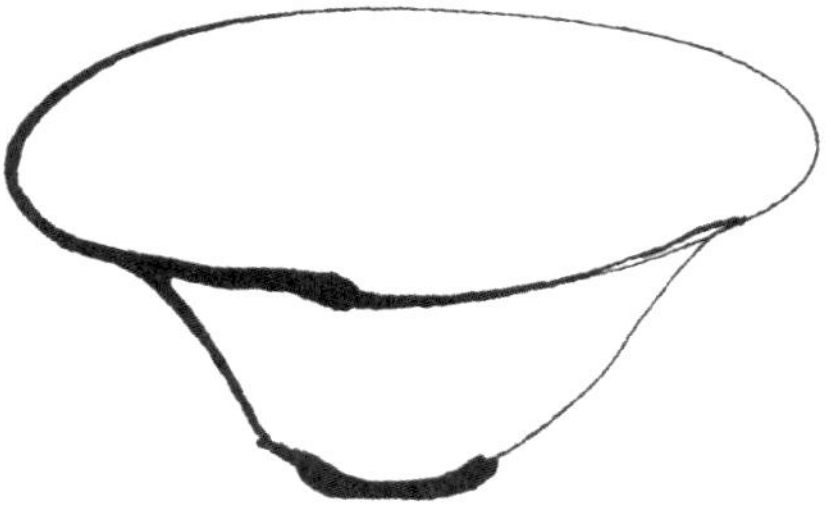

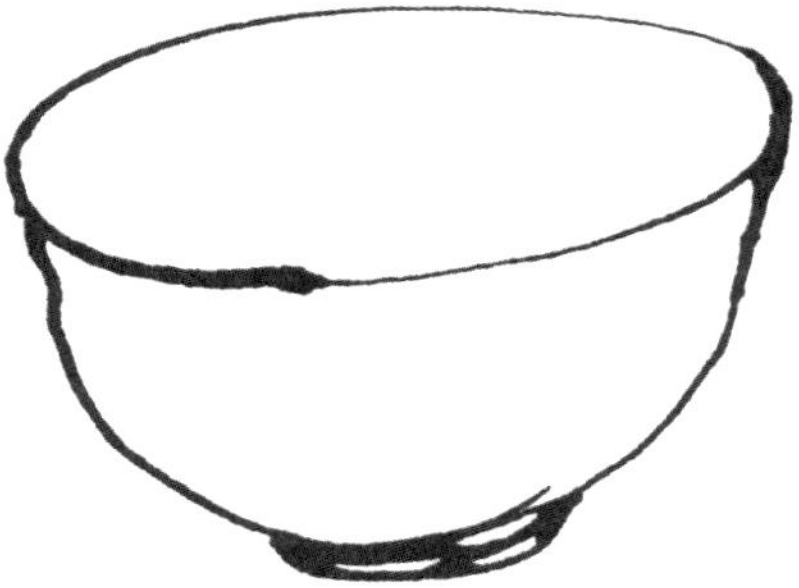

定番の おそうざい

誰もが味を想像できて、
食べるとほっとする。
そんな定番のおそうざいを、
きちんとおいしく
作れるようになりましょう。

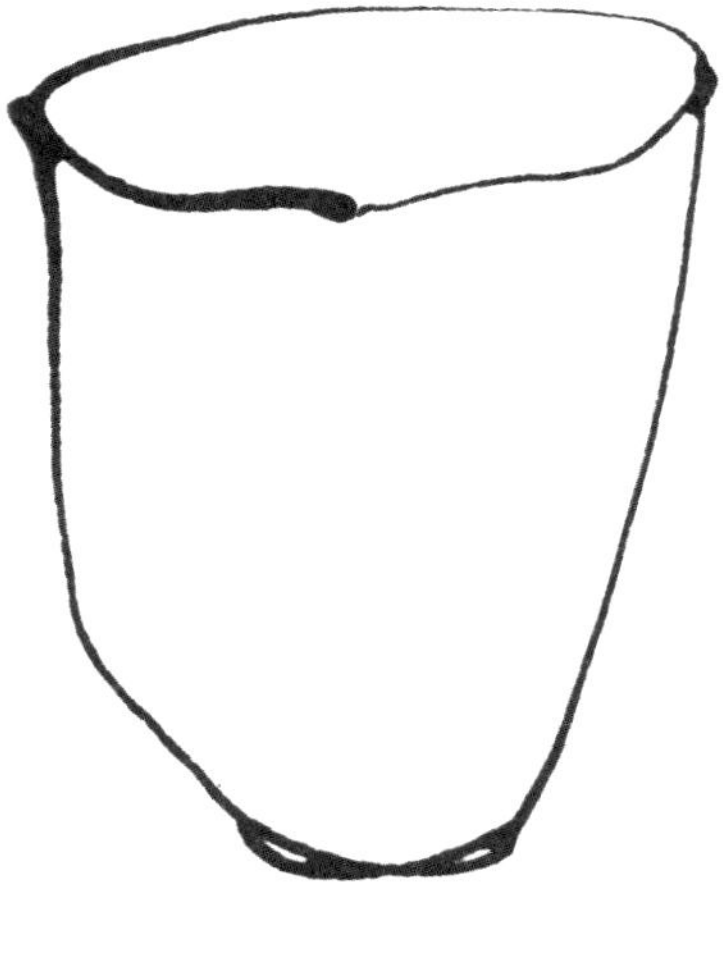

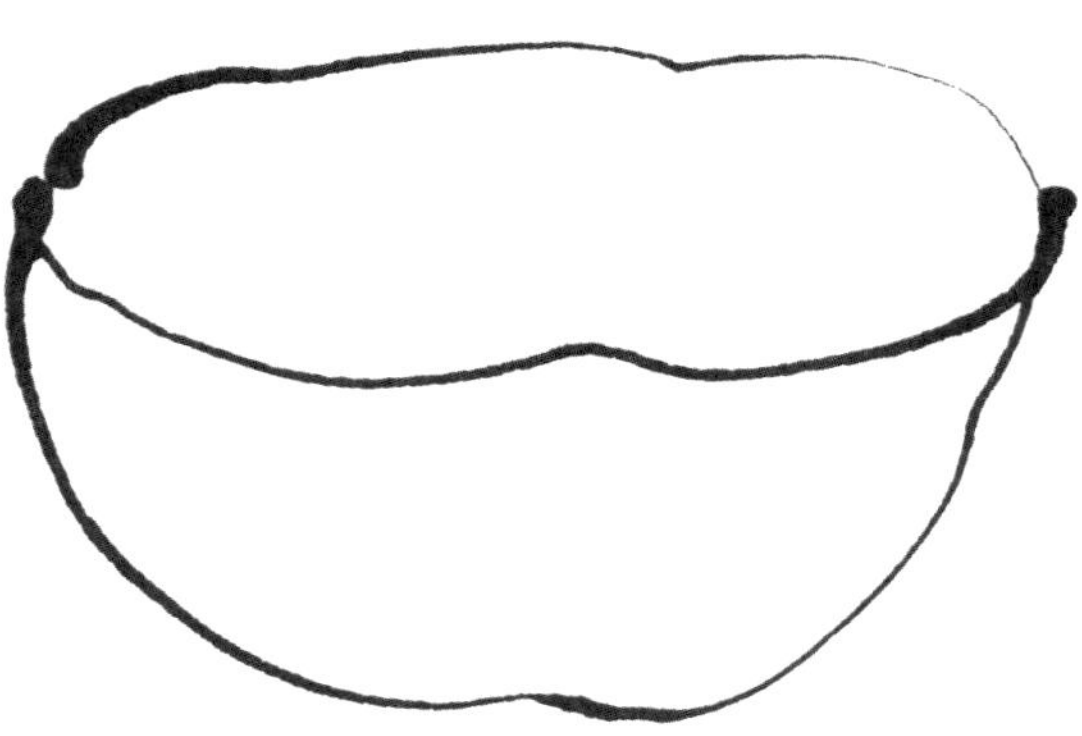

フライパンでさっと炒め煮にする

肉じゃが

材料（2人分）
- 牛バラうす切り肉（または牛こま切れ肉）…200g
- じゃがいも…2コ（300g）
- 玉ねぎ…大$\frac{1}{2}$コ（120g）
- 舞茸…$\frac{1}{2}$パック（60g）

割り下（出来上がり約120mℓ）
- みりん…80mℓ
- 日本酒…大サジ$1\frac{1}{3}$杯
- しょう油…大サジ2杯

作り方

1 割り下を作ります（22頁）。

2 じゃがいもは皮ごと庖丁で半分に切ってラップで包み、600Wの電子レンジで6分加熱します。冷めたら手で皮をむきます。牛肉はひと口大に切り、玉ねぎはクシ形切りにします。舞茸は石突きを切り、食べやすい大きさに分けます。

3 樹脂加工のフライパンを中火にかけ、牛肉をほぐしながら炒めます。肉の色が茶色になったら、玉ねぎ、舞茸を入れて炒め、玉ねぎが透き通ってしんなりしてきたら、じゃがいもを手で2つに割って加えます。

◎じゃがいもを手で割ることで、表面に凹凸ができ、割り下の味がよくしみます。

4 割り下をお好みで80〜120mℓ加えて、強火にして煮からめます。肉とじゃがいもに割り下がしみ込み、煮汁が少なくなったら出来上がりです。

割り下をうまく使いましょう

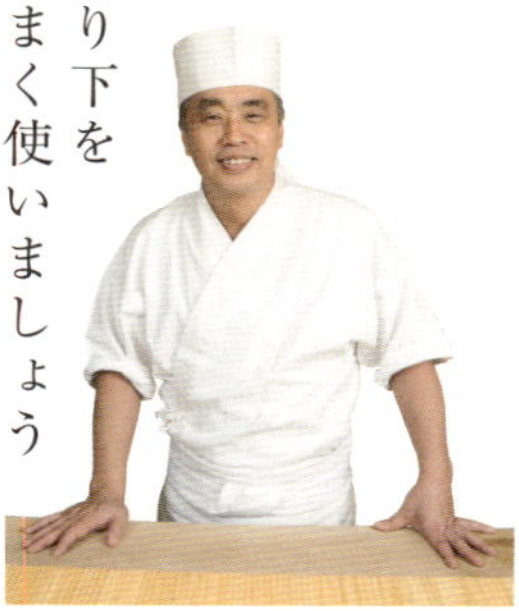

割り下は、肉じゃが、すき焼き、カレイなどの魚の煮つけ、きゃらぶきなど、幅広いおそうざいの味つけに使え、保存がききますので、多めに作っておくと、いざというときに頼りになります。割り下の分量を調整することで、ご自分の味を作ることができます。120mℓ位加えると、ご飯が進む濃い味になりますが、80mℓ位でもあっさりとおいしいので、お好みで加減してください。

じゃがいもは、はじめから同じ鍋で煮て火を通そうとすると、煮くずれたり、加熱時間が長くなって牛肉がかたくなります。さっと炒め煮にして割り下をしみ込ませるのが、おいしさの秘訣です。

蒸して脂を落とし、さっぱりと仕上げる

豚の角煮

材料（2人分）
- 豚バラ肉（ブロック）…300g
- 日本酒…大サジ2杯
- しょうが…1片（15g）
- オクラ…3本

割り下（出来上がり約220mℓ）
- みりん…160mℓ
- 日本酒…大サジ2 2/3杯
- しょう油…大サジ4杯

作り方

1　割り下を作ります。鍋にみりんと日本酒を入れて中火にかけ、ひと煮立ちさせてアルコールをとばします。火から下ろし、冷めたらしょう油を加えます。

2　バットにキッチンペーパーをしいて豚肉を置き、日本酒を振りかけます。沸騰した蒸し器に入れ、中火で1時間蒸します。しょうがはうす切りにします。

3　蒸した豚肉を幅3cmに切って、流水にさらします。

4　口径が小さなフライパンに、水気をきった豚肉、しょうが、割り下カップ1杯を入れます。アルミホイルを落としブタにし、強めの中火にかけて、あれば、口径より小さなフタをのせて、沸いてから10分程煮ます。途中で上下を返します。

5　器に盛り、生のままのオクラを細かく刻んで添えます。

調味料と素材の味は、半々が理想です

甘辛い料理を作るときに気をつけたいのは、調味料の入れすぎです。味つけが濃いと、素材のおいしさが感じられなくなってしまいます。イメージとしては、調味料と素材の味が半々です。

ところが、調味料を控えすぎると、色がうすくなって見栄えがせず、あまりおいしそうに感じられないことがあります。調味料が控えめでも、照りよく仕上げるのが理想です。

「豚の角煮」は強めの火加減で一気に煮ることで、照りが出てコクも増します。長時間火を通すと素材の味が損なわれてしまうので、短時間で仕上げるのがポイントです。

甘辛い味は単調になりがちなので、オクラなど、香りや風味があるものを添えて、味にメリハリをつけましょう。アクセントが加わり、最後までおいしくいただけます。

甘辛いタレでご飯が進む

鶏とじゃがいものくわ焼き

材料（2人分）

・鶏もも肉（皮つき）…1/2枚
・じゃがいも…1コ
・万能ねぎ（小口切り）…適量
・薄力粉　・塩　・コショー

タレ（出来上がり約120mℓ）

・日本酒、みりん、砂糖…各大サジ2杯　・しょう油、たまりじょう油…各大サジ1 1/2杯

作り方

1　タレを作ります（23頁）。
2　じゃがいもは皮をむいてタテ半分に切り、厚さ5mm程の半月切りにします。鶏肉はひと口大に切り、軽く塩・コショーを振ります。バットにごく少量の薄力粉を入れて、鶏肉にまぶします。
3　樹脂加工のフライパンを中火にかけ、鶏肉の皮を下にして入れます。菜箸で鶏肉を押さえ、脂を出します。じゃがいもを加えて、鶏肉から出た脂で焼きます。鶏肉の皮にこんがりと焼き目がついたら、裏返します。3分程して火が通ったら、火を止めます。
4　キッチンペーパーで鶏の脂を拭き取り、肉とじゃがいもにタレ大サジ1 1/3杯をかけ、フライパンを揺すって全体にからめます。器に盛って、万能ねぎを散らします。

◎タレは、火を止めてから入れるので、焦げません。

鶏肉をふっくらと仕上げましょう

鶏肉は、炒めるとかたくなります。火が入ることでたんぱく質が収縮して、中に含まれている水分が出るからです。鶏肉の身をふっくらと仕上げる簡単な方法は、加熱する前に、片栗粉や薄力粉をつけて、表面をコーティングすることです。すると、中まで火が通っても、水分が外に出にくくなります。

薄力粉をうすくつけて焼くと、脂だけを出して、肉汁は中に閉じ込めることができます。あまり粉をつけすぎると脂が出づらくなるので、少量をまぶしましょう。このとき、肉から出た脂で、じゃがいもを一緒に炒めます。ただし、タレを入れるときは、脂が残っていると味が入りにくいので、フライパンに残っている脂をキッチンペーパーなどで拭き取ってから、タレをからめるとおいしく出来上がります。

茶碗蒸し（作り方34～35頁）

野菜のかき揚げ（作り方36～37頁）

具から出るうま味が
味の決め手

茶碗蒸し

材料（2人分）
- 鶏もも肉（皮なし）…40g
- エビ…2尾
- 椎茸…大1枚　•かまぼこ…20g
- 三つ葉…1本　•柚子の皮…適量
- うす口しょう油…小サジ1杯

◎具は、ぎんなん、百合根があれば、下ゆでして加えても結構です。

玉子液
- 玉子…1コ
- かつお昆布ダシ…カップ$\frac{1}{2}$杯
- 塩…少々
- みりん…小サジ$\frac{1}{2}$杯
- うす口しょう油…小サジ$2\frac{1}{2}$杯

作り方

1　椎茸は軸を除いて4等分に切り、水で洗って軽くしぼります（a）。かまぼこは2等分に、三つ葉は長さ3㎝に切ります。鶏肉はひと口大に切り、ボールに入れてうす口しょう油を加えて揉みます（b）。エビは尾を残してカラをむき、背ワタを取ります（c）。流水で洗い、キッチンペーパーで水気を拭き取ります。

◎鶏肉をうす口しょう油で揉むと、くさみが消えて下味がつきます。

2　ボールに玉子液の材料を入れて、箸でよく混ぜます。

3　1人分の器2つに、1、2をそれぞれ半量ずつ入れて、柚子の皮をのせます。器にフタ（またはラップ）をします。

4　沸騰した蒸し器に3を入れてフタをし、中火で3分経ったら蒸し器のフタを少しずらして7～10分蒸します。器のフタを取って器を揺らしてみて、全体が揺れたら中まで火が通っています。

忘れられない家庭の味を作りましょう

おそうざいの持つ素朴な味わいは、外で食べたいなと思ってもなかなか食べられないものです。例えばこの「茶碗蒸し」だって、お店で注文したらきっと立派な魚やカニが入っているでしょう。でも、わたしが「ああ、食べたいなあ」と懐かしく思い出すのは、こんなふうに鶏肉と椎茸、少しの具のうま味が茶碗の中で家族みたいに助け合っている、しみじみとした味わいのものです。それは家庭でしか食べることができない、ほんとうの意味で贅沢な味です。

茶碗蒸しには特別な思い入れがあります。わたしの実家は徳島で料理と仕出しの店を開いていました。わたしと姉は、お客さんが帰ると、エ

1-a

1-b

1-c

2

3

4

ビの天ぷらやおすしが干からびて残されているのを見て、「なんで大人はお酒ばかり飲んでちゃんと食べてくれないのだろう」と悲しく思いながら、後片付けを手伝いました。茶碗蒸しだけはフタがあるからきれいなままで、片付けが終わってから楽しみに食べました。もちろん味も好きだったけれど、何より両親が作ったものを捨てたくなかったのだと思います。両親は高齢になり店はもうありませんが、あの味はずっと忘れないでしょう。

　玉子はダシと合わせると、よりなめらかになり、豊かなうま味が口の中に広がります。トロトロとくずれるような食感が理想。「す」がたつと食感が悪くなります。「す」は、高温の蒸し器で急激に加熱するとできます。かといって、弱火では固まりません。最初は蒸し器のフタをしっかり閉めて中火で蒸し、中に熱を行き渡らせてから、フタを少しずらして温度を下げるとうまくいきます。

いつもある材料で作る
わが家の味

野菜のかき揚げ

材料（4人分）
・にんじん…1/2本（60g）
・玉ねぎ…1/2コ（100g）
・グリンピース…30g
・揚げ油

衣
・玉子の黄味…1コ分
・薄力粉…85g
・冷水…カップ1杯

天つゆ
・かつお昆布ダシ…80ml
・みりん…大サジ1杯
・うす口しょう油…大サジ1杯

作り方
1　にんじんは皮をむいて、長さ3cm、幅1cm、厚さ5mm程の短冊切りにします（a）。玉ねぎはタテ半分に切り、幅1cmに切ります（b）。
2　天つゆの材料を鍋に入れて中火にかけ、沸騰したら火を止めます。
3　1とグリンピースをボールに入れ、衣の材料を加えて（a）、手でザックリと混ぜ合わせます（b）。
◎手で混ぜると、具にまんべんなくうすく衣をまとわせることができます。
4　鍋に揚げ油を中火で160℃に熱し、3をスプーンでひと口大に小さくまとめて油の近くから加えます（a）。入れた直後は少し火を強め、箸でひっくり返しながら、きつね色になって泡が小さくなるまで揚げます（b）。2の天つゆでいただきます。
◎大きなかき揚げにしようとすると具が散ってまとまりにくくなります。

大らかな気持ちでたくさん作りましょう

「野菜のかき揚げ」は、わたしの母がよく作ってくれたおそうざいのひとつです。具はにんじんと玉ねぎ、グリンピースの3種類のみ。素材の甘味が引き立ちます。

最近、母に「うちのかき揚げは、どうしてこの3種類の具だったの」と聞いてみたら、こんな答えが返ってきました。「にんじんも玉ねぎも、いつでもあるしな。ピースを入れるのは、お父ちゃんが好きだったからやろうけど、彩りもええやろ」

そういえば、グリンピースが入るかき揚げというのは、少し変わっているかもしれません。でも、それぞれの家庭で定番になったおそうざいというのは、そんなふうに家族の習慣や好みが反映されたものなのだろうと思うのです。母は、大皿の上に新聞紙をしき、次から次に野菜のかき揚げを揚げてくれました。揚げた

1-a

1-b

3-a

3-b

4-a

4-b

てはサクサクとした食感でほんのりと甘く、天つゆにつけていただくとさっぱりとして、いくらでも食べられたものでした。

　わが家はどんな料理でも、大皿にわっと山ほど盛りつけます。きっと、ほかの家の方が見たら驚く程です。だから、かき揚げも誰がいくつ食べてもいいし、また、残っても、いっこうに構いません。翌日の昼食に天丼にして食べたり、学校から帰った姉やわたしが、冷えたまま、おやつにつまんだりします。それでも残れば、また食卓に並べればいいのです。食卓にはいつも、その日作ったものに加えて、昨日のもの、一昨日ののも並んでいました。

　毎日のおそうざいは、そんなふうに大らかに考えてたくさん作ってみてはいかがでしょうか。せっかく作った料理が残されたからといって嘆くのではなく、明日はどんな味になるかな、明日はどう食べようかなと、楽しみにするのです。

油揚げと干し椎茸で
シンプルに

ひじきの煮もの

材料（作りやすい分量）

・乾燥ひじき…25g
・干し椎茸…3枚
・油揚げ…1/2枚
・ごま油…大サジ1杯
・三温糖…大サジ1杯
・しょう油…大サジ2杯

作り方

1　干し椎茸は軸を取り除いてボールに入れ、被る位の水を注ぎ、10分おきます。水を捨て、再び水カップ1/2杯を加えて、冷蔵庫で一晩おいてもどします。もどした椎茸はうす切りにし、もどし汁は残しておきます。

2　ひじきを別のボールに入れ、被る位の水を注いで柔らかくなるまでもどします。水気をきって、長ければ長さ3cmに切ります。

3　油揚げは長さ3cmの細切りにします。

4　フライパンにごま油を中火で熱し、ひじき、油揚げを炒めます。油がなじんだら、三温糖を加えて混ぜます。

5　椎茸、椎茸のもどし汁、しょう油を加えて煮汁がなくなるまで炒め煮します。火を止めて、少し時間をおいて味を含ませます。

少ない材料で素材の味を引き立てましょう

料理は、たくさんの材料を入れればおいしくなるわけではありません。むしろ少ない材料で作ったほうが、それぞれの素材の味が引き立つことが多いのです。

例えば、「ひじきの煮もの」には、にんじんを入れるのが当たり前のように思いますが、これは、見た目をよくするためかもしれません。そこでわたしは、にんじんを入れずに、干し椎茸を多めに加えました。すると、うま味も増して、シンプルに素材のおいしさを味わえるようになりました。

「どの素材の味を味わいたいのか」ということを意識すると、あれこれと材料を買いすぎることも減るのではないでしょうか。

ひじきなどの乾物は保存がきくので、常備しておくと、さっとひと品できて重宝します。

うす味の煮汁が
しっかりとしみ込んだ

いりこダシのおでん

材料（4人分）

- 大根…8cm
- 玉子…4コ
- こんにゃく…1枚
- ちくわ…2本
- 厚揚げ…1/2枚
- 餅きんちゃく…4コ
- さつま揚げ…4枚
- ごぼう天…小4枚
- 日本酒…カップ3/4杯
- うす口しょう油…大サジ2 2/3杯
- みりん…大サジ1 2/3杯
- 煮干し（いりこ）ダシ…1.5ℓ

作り方

1　前の晩、煮干しダシをとります（14頁）。

2　大根は皮をむいて厚さ2cmの輪切りにし、柔らかくなるまで10～20分程下ゆでします。玉子は固ゆでにしてカラをむきます。こんにゃくは両面に浅く格子状に切り目を入れて食べやすい大きさに切り、中に火が通るまで下ゆでします。ちくわは斜め半分に切ります。厚揚げは4等分にします。ちくわ、厚揚げ、餅きんちゃく、さつま揚げ、ごぼう天は、熱湯で2～3分ゆがき、油抜きをします。

3　鍋に煮干しダシ、日本酒、うす口しょう油、みりん、2の具を加えて中火にかけ、沸騰したらフタをして、弱火で煮ます。1時間程煮て火を止め、冷まして味をしみ込ませます。

◎具を下ゆでしたり、油抜きすることで、透明感のあるダシの味が生きます。

料理に合わせて ダシを使い分けます

日本料理のダシと言えば、かつおぶしと昆布でとるダシを思い浮かべる方がほとんどでしょう。でも、かつお昆布ダシに限らず、さまざまなうま味のダシを、料理に合わせて、使い分けることで、味わいが広がるのです。例えば、「おでん」には、あっさりしたかつお昆布ダシよりも、独特のコクがある煮干しダシのほうが、わたしはおいしいと感じます。

煮干しダシは、一晩浸水させて、漉してから火を通すのがポイントです。調味料は少しにとどめて、煮干しダシをしっかりと効かせ、うす味の煮汁を具材にたっぷりしみ込ませましょう。

厚揚げ、餅きんちゃく、さつま揚げなどの練りものは、そのまま煮ても味がしみ込みにくいので、下ゆでして油抜きしてから煮ます。

煮汁をたっぷり吸った
油揚げがおいしい

小松菜と油揚げの煮びたし

材料（2人分）

- 小松菜…100g
- 油揚げ…1枚
- 干し桜エビ…10g
- ごま油　・柚子の皮…適量

八方ダシ（出来上がり約100㎖）

- かつお昆布ダシ…80㎖
- みりん…小サジ2杯
- うす口しょう油…小サジ2杯

作り方

1　小松菜は長さ5㎝に切ります。柚子の皮は細切りにします。八方ダシの材料を合わせせます（22頁）。

2　フライパンにごま油大サジ1/2杯を入れて弱火にかけ、油揚げを焼きます。ヘラなどで軽く押しつけながら両面を焼き、表面がパリッとしたら火から下ろします。油揚げを長さ5㎝、幅1㎝の細切りにします。

◎油揚げはできたてから時間が経つほどに油が酸化します。ごま油を吸わせて焼くことで、新しい油が加わり、風味が増します。また、焼き目の香ばしさも加わります。油分が多くなるので、焦げないよう、弱火で注意しながら焼きます。

3　2のフライパンにごま油大サジ1/2杯を入れて中火にかけ、小松菜と干し桜エビを加えて炒めます。小松菜がしんなりしたら、八方ダシ、油揚げを加え、ダシが沸いたら軽く混ぜて火を止め、冷まして味を含ませます。器に盛って、せん切りにした柚子の皮をのせます。

八方ダシをじょうずに使いましょう

八方ダシはかつお昆布ダシ8：みりん1：うす口しょう油1と、覚えやすい割合の万能合わせ調味料です（22頁）。さまざまな料理に応用がき き、素材の風味を引き出します。

「小松菜と油揚げの煮びたし」では、小松菜、干し桜エビ、油揚げを八方ダシでさっと煮て、エビと油揚げの風味を引き出しました。こんなふうに野菜の煮びたしに使ったり、ゆで野菜を浸したりすると、あっさりとした中に野菜の味がはっきりした味わいに仕上がります。

また炊き込みご飯を味つけしたり、冷やして温泉玉子にかけたり、鍋ものつけダレ、そうめんのつゆとしても活躍します。

幅広く使えて便利な合わせ調味料ではありますが、保存がきかないので、使う分だけそのつど作るようにしましょう。

アサリ入り卯の花（作り方46～47頁）

巻きずし（作り方48～49頁）

アサリのうま味をおからに
たっぷりと含ませます

アサリ入り卯の花

材料（作りやすい分量）
・アサリ…350g
・おから…120g
・椎茸…1枚
・にんじん…20g
・わけぎ…1本
・しょうが（すりおろし）…1つまみ
・かつお昆布ダシ…カップ1/2杯
・日本酒…カップ1/2杯
・サラダ油…大サジ3杯

作り方
1　アサリは、塩分3％の塩水に浸けて冷蔵庫で一晩おいて砂抜きをします。ボールにアサリとヒタヒタの水を入れ、アサリを両手でつかんで揉み、カラ同士をこすり合わせて汚れを取ります。
2　鍋にアサリ、かつお昆布ダシ、日本酒を入れて中火にかけます。アサリのカラが開いたら、火から下ろします。アサリの身をカラから取り出します。鍋のダシは残しておきます。
3　椎茸は軸を取り、にんじんは皮をむき、それぞれ細かいみじん切りにします。わけぎは小口切りにします。
4　フライパンにサラダ油をひいて中火で熱し、椎茸、にんじんを2～3分炒めます。
5　おからを加えて油と野菜となじませ（a）、2の鍋のダシ半量を加えて混ぜます。おからがダシを含んだら、残りのダシを加えてさらに混ぜます（b）。
6　水分がなくなったら、アサリの身（a）、しょうが、わけぎを加えて混ぜ（b）、全体になじませます。火から下ろして器に盛ります。

副菜はあっさりとたくさん食べられる味に

卯の花のように、淡い味つけでいただくおそうざいは、はっきりした味つけの主菜に合う副菜だと思います。ステーキのようにご飯が進むものではありませんが、ほっとする味で、いくらでも食べることができるでしょう。

一般的な卯の花のレシピは、みりん、しょう油、砂糖を使った甘い味つけですが、この「アサリ入り卯の花」は、アサリの塩分とうま味、日本酒のさっぱりした甘味で仕上げています。アサリに含まれるうま味成分はコハク酸で、かつお昆布ダシに含まれるうま味成分のイノシン酸、グルタミン酸と組み合わさって、よ

2

5-a

6-a

4

5-b

6-b

りおいしくなります。また、香味野菜のわけぎとしょうがを隠し味に効かせているので、あっさりとしていて、軽い食感です。ぜひ、できたての温かくふんわりした状態で味わっていただきたいと思います。

　ところで、おからを「卯の花」と呼ぶわけをご存じですか。大豆から豆乳をしぼったあとに残るカスが「御殻」ですが、お客商売をする人には、その音が「お客が空っぽ」という状態を連想させて、どうにも縁起がよくないように感じられたのだとか。それで、初夏、枝先に小さな白い花をたくさん咲かせるウツギという樹の花に見立てて、「卯の花」と呼ぶようになったのだそうです。ほかにも、庖丁で切らずに調理できるから「きらず」と呼んだり、白い雪に似ていることから「雪花菜《きらず》」と書いたり、縁起よく「大入り」と言い換えたりすることもあるそう。いろいろな名前で親しまれてきた食材なんですね。

ご飯と具が口の中で
ほろっとほどける

巻きずし

材料（4本分）

- 干し椎茸…4枚（水500㎖でもどす）

A
- 三温糖、しょう油…各大サジ2杯
- たまりじょう油…大サジ$\frac{2}{3}$杯

- 高野豆腐…17g×4コ（80℃の湯をかけて5分おき、流水で冷ましてしぼる）
- かんぴょう…25g（水でもどす）

B
- かつお昆布ダシ…カップ$2\frac{1}{2}$杯
- 三温糖…大サジ4杯　•みりん…大サジ2杯　•うす口しょう油…大サジ1杯　•塩…小サジ$\frac{1}{2}$杯

玉子液
- 玉子…2コ　•かつお昆布ダシ…大サジ2杯　•みりん…小サジ$\frac{2}{3}$杯　•うす口しょう油…小サジ$\frac{2}{3}$杯

- 油　•三つ葉…1束　•海苔…4枚
- すし飯…720g（23頁）

作り方

1　干し椎茸は軸を取って、もどし汁、Aとともに鍋に入れ、弱火で2~3時間煮ます。煮汁ごと冷蔵庫で一晩おきます。

2　鍋にBを入れて中火で沸かし、高野豆腐を入れて15分煮ます（a）。煮汁は鍋に残して取り出し、冷蔵庫で一晩おきます。かんぴょうは1つかみの塩（分量外）で揉み洗いしたあと、たっぷりの湯でゆで、長さ20cmに切り、鍋に残した煮汁で煮上げて、冷蔵庫で一晩おきます（b）。

3　玉子液をボールに混ぜ、玉子焼き器に油をひいて中火で熱し、焼きます。

4　三つ葉はさっとゆで、根を切ります。

5　椎茸は幅1cmに、玉子焼き、軽くしぼった高野豆腐は2cm角の棒状に切ります。

6　巻きすの上に海苔をしき、すし飯を広げ、具をのせて巻きます（a、b、c）。

ケの日のための
おすしを作りましょう

「巻きずし」のおいしさは、口の中で、具に含まれたダシがジュッとしみ出て、ご飯と具がほろっとほどけるところにあります。

コツは、具として巻く椎茸、高野豆腐、かんぴょうの煮ものを前日に煮ておくこと。煮ものは一晩おいて冷えていく間に、煮汁を含んでおいしくなるからです。2日間（干し椎茸をもどすところから3日間）かけて、おいしく作りましょう。

椎茸は2~3時間煮て、煮汁が残った状態で一晩おきます。すると椎茸が煮汁を吸います。高野豆腐は湯でもどしたあと、流水にさらし、ぎゅっと握って水気をしぼります。そうしてカラカラのスポンジ状になったところに、うま味たっぷりの煮汁を含ませるのです。煮汁をしっかり含んだ高野豆腐は、巻く直前に軽くしぼります。かんぴょうは塩揉みを

2-a

5

6-b

2-b

6-a

6-c

することで、アクやひなたくささが抜けます。鍋の煮汁がなくなるまで、しっかり煮上げて煮汁を含ませます。

すしを巻くときにもコツがあります。すし飯は厚みが米3粒分位の層になるように、指先を使って海苔にしきつめます。すし飯を厚くしきすぎると、中が詰まってかたくなります。具を中央にのせたら、力を抜いて転がすようにして巻きます。慣れていないと、あとでほどけることを心配してきつく巻きがちですが、海苔は時間が経つと縮むので、すしが反り返ってしまいます。

わたしの母はすしを巻くのがほんとうにじょうずでした。かたすぎず柔らかすぎず、ジューシーな煮ものとご飯がふわりと巻かれていました。

高校生のころ、バンドをやっていたのですが、仲間との練習中、母がよく差し入れをしてくれました。野菜の煮ものしか入っていない素朴さが、かえってうれしいのです。

中火で手早く巻くのがコツ

ダシ巻き玉子

材料（作りやすい分量）

- 玉子…2コ
- かつお昆布ダシ…カップ1/4杯
- 葛粉（または片栗粉）…小サジ1/2杯強
- うす口しょう油…小サジ1/2杯弱
- 塩…少々　•サラダ油
- 大根おろし…適量　•しょう油

作り方

1　玉子をボールに割り入れ、泡立て器を左右に振ってよく混ぜます。

2　別のボールにダシ、葛粉、うす口しょう油、塩を加えて、泡立て器で混ぜ合わせます。1に加え、よく混ぜます。

3　玉子焼き器を中火にかけます。キッチンペーパーにサラダ油を含ませて、全面にうすくひきます。2の玉子液を菜箸につけて垂らし、ジュッと音がして固まるまで熱したら、玉子液の1/4量を流し入れて、全面にまわします。

4　玉子に熱が通ってフライパンから浮いてきたら、玉子焼き器を持ち上げて手前に傾け、奥から手前に巻きます。

5　巻き終わったら奥へ寄せて、空いたところに3のキッチンペーパーで油をひき、玉子液の1/4量を入れます。玉子焼きを持ち上げ、下に玉子液を行き渡らせます。

6　4〜5を、あと2回くり返します。最後の玉子液を巻き終わったら、巻きすに取って、四角く形を整えます。玉子焼きの側面を押さえて高さを出しましょう。

7　粗熱が取れたら食べやすい大きさに切って器に盛り、好みで大根おろしとしょう油を添えます。

失敗をおそれず、何度も作ってみましょう

じょうずに作れたらうれしい料理といえば「ダシ巻き玉子」。たっぷりのダシと合わせ、ジューシーに焼き上げるのがおいしさの秘訣です。

作り慣れないと、かたくなったり、形がくずれてしまいます。ダシの分量が多くなるほど固まりにくくなるので、普通の玉子焼きより難しいのです。でも安心してください。技術がなくてもじょうずに作れるよう工夫したのが、玉子液に葛粉を入れる方法です。葛が玉子液をまとめ、巻きやすくなります。また、玉子液をよく溶くと、コシが出てより巻きやすくなります。玉子焼き器は、充分に熱くならないと、玉子液がくっついてうまく巻けません。焼きすぎてかたくならないよう、中火の火加減で手早く巻きましょう。最後に巻きすで形を整えるので、焼くときは形にこだわらなくても大丈夫です。

やさしい味わいで、
最後までおいしい

鶏そぼろ丼

材料（2人分）
・ご飯…300g
・鶏ももひき肉…200g
・しょうがのしぼり汁…少々
・日本酒…大サジ3杯
・海苔…適量
・三つ葉の葉…適量

タレ（出来上がり約120mℓ）
・日本酒…大サジ2杯
・みりん…大サジ2杯
・砂糖…大サジ2杯
・しょう油…大サジ$1\frac{1}{2}$杯
・たまりじょう油…大サジ$1\frac{1}{2}$杯

作り方

1　タレを作ります。鍋に日本酒とみりんを入れて中火で沸かし、アルコールをとばします。火を止めて砂糖を加え、溶けたら、しょう油、たまりじょう油を加えて混ぜます。

2　フライパンに鶏ひき肉、日本酒を入れて、木ベラでほぐします。中火にかけ、木ベラで切るようにほぐしながら炒めます。白っぽくなるまで火が通り、水分がとんだら火を止め、タレ大サジ$1\frac{1}{3}$杯を入れてからめます。再び中火にかけ、水分がとんで照りが出たら、しょうがのしぼり汁を加えて混ぜ、火を止めます。

◎いったん火を止めてからタレを加えることで、タレが焦げにくくなります。

3　丼に温かいご飯をよそい、その上に海苔をちぎってしきます。2をのせ、三つ葉をのせていただきます。

焦げつかせずに、照りよく仕上げましょう

甘辛い料理は、みりんや砂糖が入っているので、どうしても焦げやすいもの。焦げると苦味が出てしまいます。焦げる原因は、鍋やフライパンが熱くなったところに調味料を入れるから。いったん火を止めて、フライパンの熱が上がらないようにしてから調味料を加えると、焦げを防ぐことができます。また、あらかじめ調味料を量ってタレを作っておけば、調理中の手間が省けて、味も決まりやすくなります。

調味料を加える前に、肉に焼き色をつけるのも大切です。焼き色がついた部分には調味料がしみ込みやすいのです。「鶏そぼろ」は、汁気がなくなるまできちんと炒めることで、照りが出てコクも増します。タレを入れてから長時間火を通すと素材の味が損なわれてしまうので、短時間で仕上げるのがポイントです。

味見じょうずは料理じょうず

みなさんは、料理の途中で「味見」をするとき、どんな味を探しているでしょうか。試しに今、みそ汁の鍋にみそを加えて、お玉でかき混ぜ、そのお玉で少し汁を取って口に含んだところを想像してみてください。無意識に、みその味がうすいか濃いか、さっき鍋に入れた「みその味」を探してはいないでしょうか。

とくに、料理を始めて間もない方や、料理が苦手な方というのは、「おいしさ」を確かめるために味見をしたはずなのに、なぜか「調味料の味」を探してしまいがちです。それで、ひと口含んですぐに、はっきりと調味料の味がしないと、料理の味が決まっていないように感じ、不安になって調味料を足してしまうのです。これでは、ただ調味料の存在を確かめているだけで、味全体をみていることにはなりません。どんな味がすれば「おいしい」と判断するのか、その基準がブレてしまわないよう、注意する必要があるのです。

味見をするとき、わたしが意識を集中させて探しているのは、素材の味、うま味、調味料の3つの味です。素材の持っている味がきちんと感じられて、適度なうま味があって、調味料の味がそれらをしっかり引き立てていて、3つが同じ位の強さで感じられるとき、「おいしい」状態だと判断します。逆に、ダシのうま味や調味料の味が、素材の味を隠してしまっているなら、それはうま味が強すぎたり、調味料が多すぎるということ。そうなると、ひと口目はおいしく感じても、3口目には、飽きてしまいます。

味見じょうずは料理じょうず。

ひと口含んで3つの味を探し、「うん、おいしい」と、自信を持って判断できるようになりましょう。

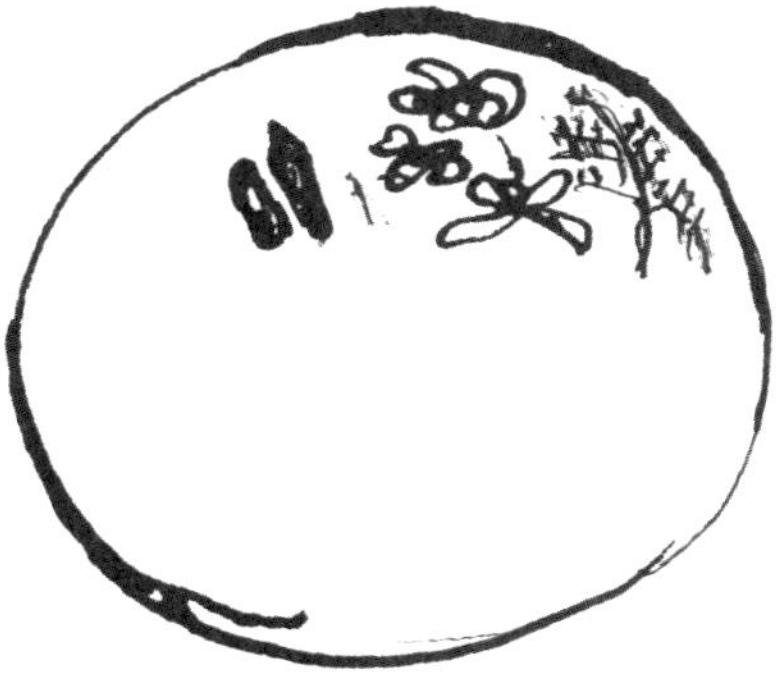
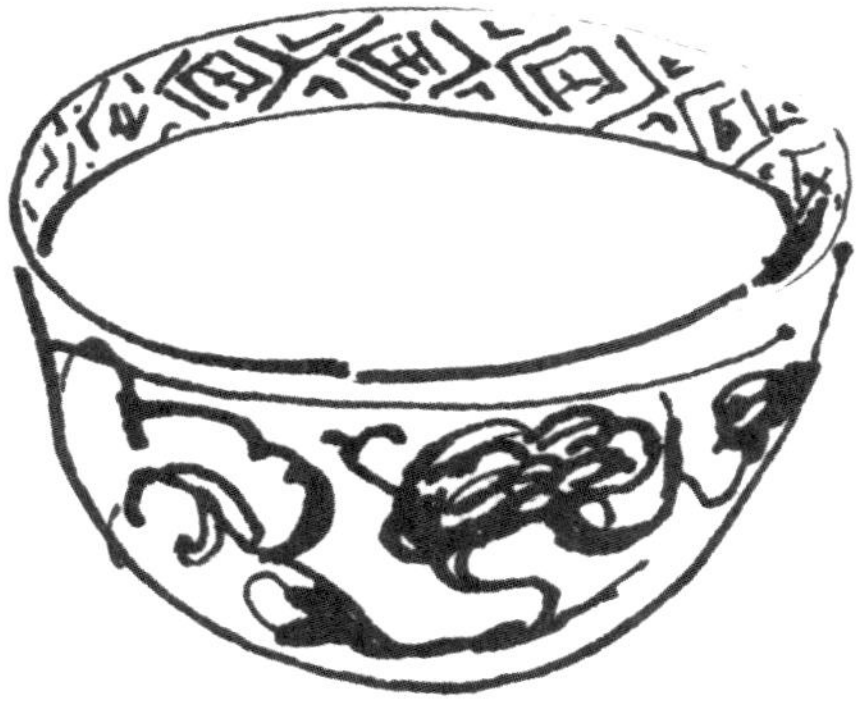

春のおそうざい

春は芽生えの季節。
旬の素材をいただき、
身体の中に
新しい生命の力を
とり込みましょう。

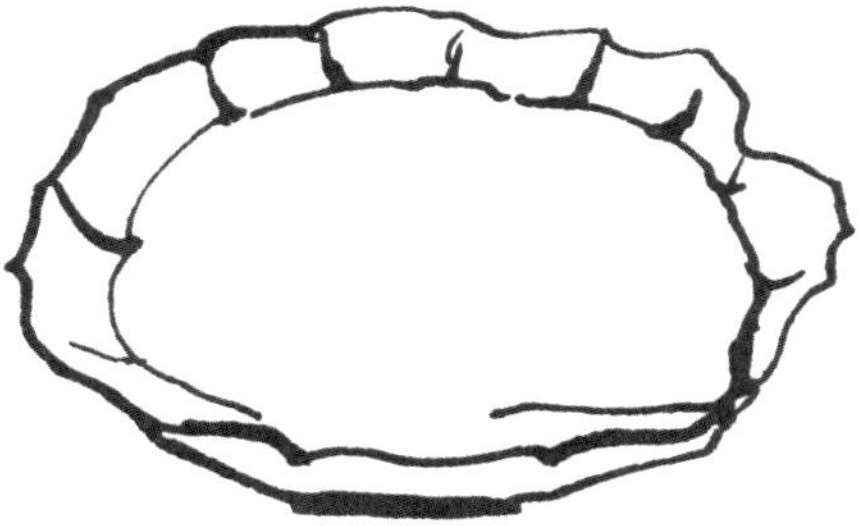
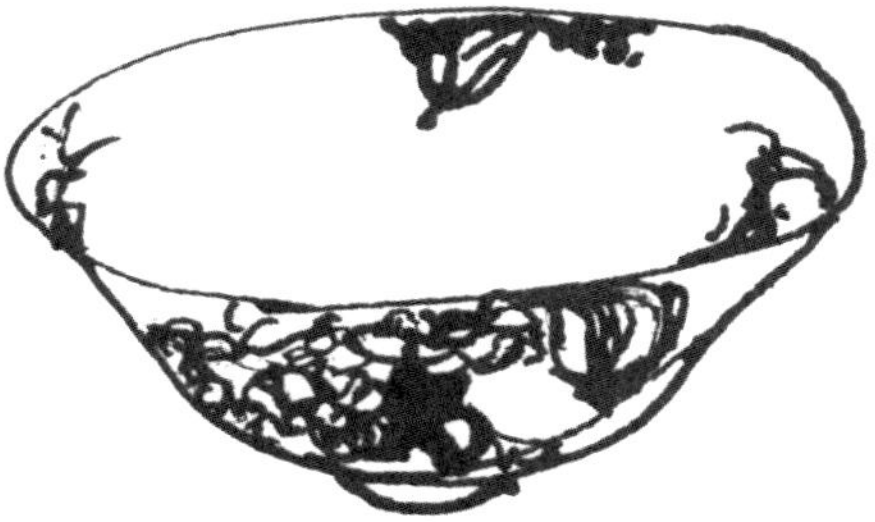
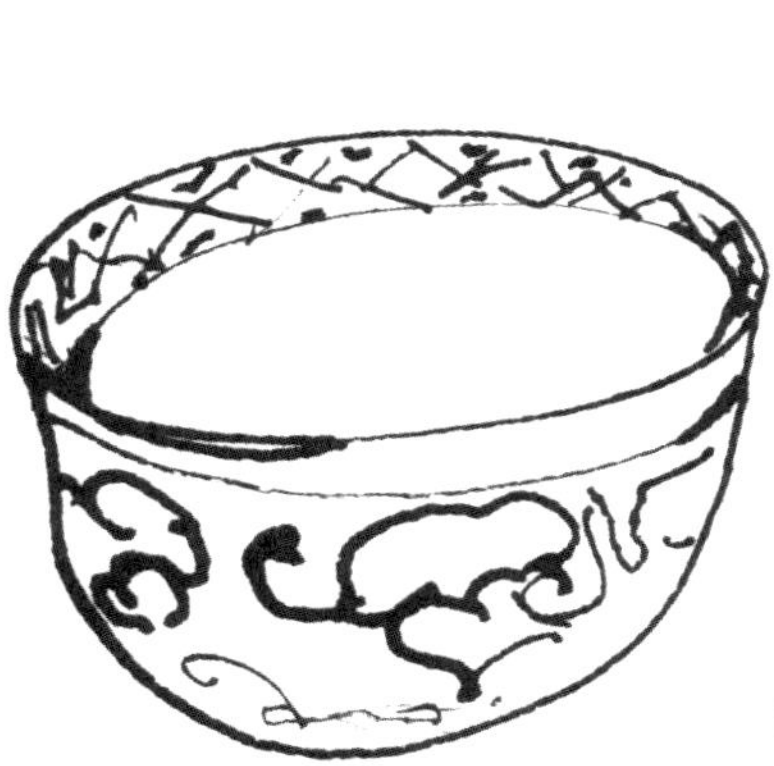
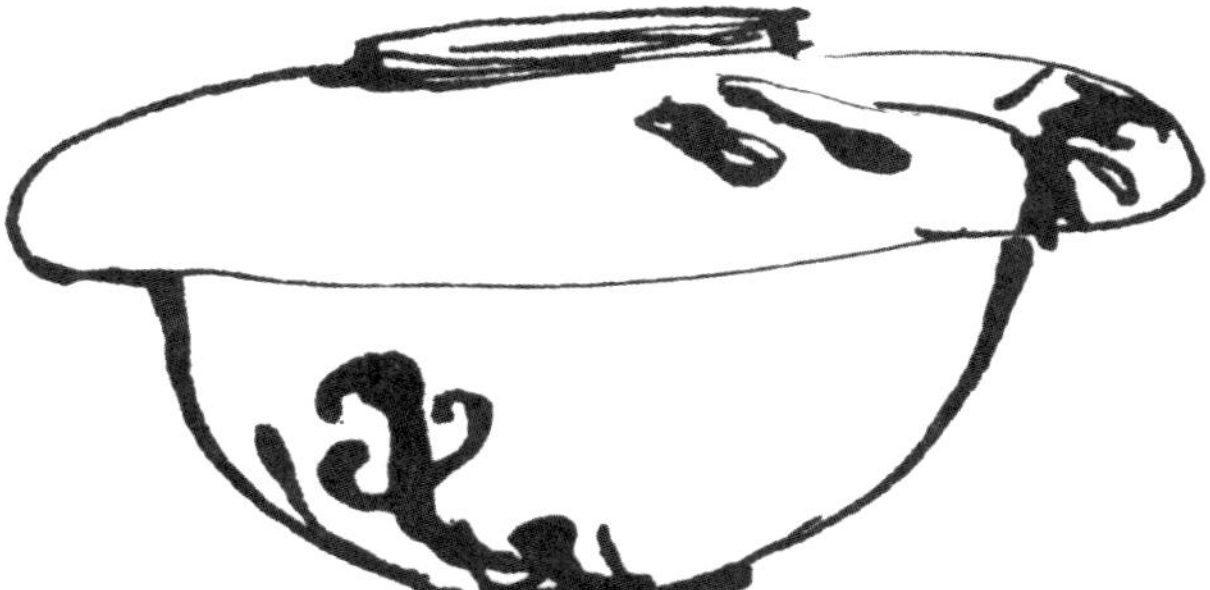

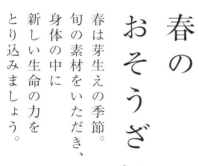

昆布の淡いうま味が
旬の鯛を引き立てる

鯛の酒蒸し

材料（2人分）

・真鯛の頭（タテに割る）…1尾分

◎鯛の頭は、ご自身の出刃庖丁でタテ半分に割っても結構ですが、慣れていないと難しいので、魚屋さんに頼んでさばいてもらいましょう。

・昆布…20g

・日本酒…90㎖

・塩　・木の芽…適量

作り方

1　鯛を霜降りにします。ボールに氷水を用意します。鍋に湯を沸かし、鯛の頭の片方を穴杓子などにのせ、熱湯にくぐらせます。5～10秒程して、表面がうっすら白くなったら引き上げます。氷水に浸けて、表面のウロコや、身に血がついていたら取り除きます。もう片方も同様にします。キッチンペーパーなどで鯛の水分を拭き取り、両面に軽く塩を振り、5分程おきます。

◎霜降りにし、塩を振ることで、鯛のくさみが取れます。新鮮な鯛の場合、熱湯にくぐらせて、右の写真のように胸ビレが立ったら引き上げるサインです。鯛のウロコは透明なので、取り残しがないよう指先でさわって確かめましょう。

2　1人分の皿に昆布の半分をしき、その上に鯛の頭の片方をのせ、鯛全体に日本酒大サジ3杯を振りかけます。

3　蒸し器を沸騰させ、2の皿を入れて7分ほど中火で蒸します。残り半分も同様にします。蒸し上がった鯛の上に木の芽をあしらいます。身を汁につけながらいただきます。

旬の食材を
シンプルに料理します

「鯛の酒蒸し」は、鮮度のいい真鯛を、昆布と日本酒で蒸すだけのシンプルな調理法です。下ごしらえをきちんとすれば、ぐんとおいしくなります。見た目にも華やかですから、祝いの日の食卓にもおすすめします。

鯛は頭が大きくて頑丈な魚で、海底の岩場で、エビなどの甲殻類を好んで食べています。ですから、内湾や沿岸など、えさとなる甲殻類が豊富なところで獲れた鯛は、エビのような甘味があるのです。

春の鯛はもちろんおいしいのですが、秋の鯛、冬の鯛も、脂がのっておいしいものです。それぞれの季節に味わって、比べてみてください。

かぶの甘味を
さっぱりといただく

豚肉とせりのかぶら煮

材料（2人分）

- 豚肩ロースうす切り肉…80g
- かぶの実…2コ　•せり…30g
- かつお昆布ダシ…カップ1½杯
- 塩…小サジ1杯弱
- みりん…小サジ2杯
- うす口しょう油…小サジ2杯
- 粉山椒

作り方

1　豚肉はひと口大に切ります。せりは長さ5cmに切ります。かぶの実は、皮をむいてすりおろし、自然に水気がきれるまでおきます。

2　鍋にかつお昆布ダシ、塩、みりん、うす口しょう油を入れて中火にかけます。沸騰したら、1の水気をきったかぶを加えます。再び沸騰したら、豚肩ロース肉とせりを加えてさっと沸かします。豚肉に火が通ったら火を止めます。

3　器に盛り、粉山椒を振っていただきます。

◎かぶは甘味があり、上品でやさしい味わいに仕上がります。かぶの代わりに、大根で作ってもよいでしょう。春夏の大根は辛味があり、きりっとした味わいに仕上がります。

◎肉は豚肩ロース肉の代わりに、うす切りにした鶏肉を使っても、おいしくいただけます。

春は生命の芽をいただく季節です

かぶら煮は、すりおろしたかぶを煮汁にして、野菜や肉、魚などを煮た、汁ものと煮ものの中間のような食べ心地の料理です。「豚肉とせりのかぶら煮」では、かぶに豚肉のうま味を含ませつつ、余分な脂を吸わせ、さっぱりとした味わいに仕上げました。

せりは、「春の七草」に数えられる多年草で、独特の風味と食感があり、肉の脂ともよく合います。春は、たらの芽やこごみ、うるい、ふきのとうなどの山菜の「芽」や、柔らかな「葉」を食べる季節です。冬のあいだ力なく地表を照らしていた太陽は、春になって力を取り戻します。すると、土の温度が上がって、いろいろな植物が芽生えてくるのです。春は、そういう生命のエネルギーを、料理を通して身体の中にとり込む季節なのです。

柚子のほのかな香りが
上品にただよう

サワラの幽庵焼き

材料（2人分）
・サワラ…2切れ
・柚子…$\frac{1}{4}$コ
・ぎんなん…適量　・揚げ油　・塩

割り下（出来上がり約260mℓ）
・みりん…180mℓ
・日本酒…大サジ3杯
・しょう油…大サジ$4\frac{1}{2}$杯

作り方

1　割り下を作ります。鍋にみりんと日本酒を入れて中火にかけ、ひと煮立ちさせてアルコールをとばします。火を止め、冷めたらしょう油を加えます。

2　サワラの皮と血合いを庖丁で取り除き、半分に切ります。

◎皮と血合いを取り除くと、生ぐささが取れます。

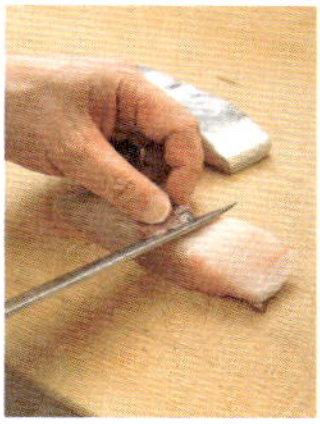

3　ボールに割り下を入れ、柚子をしぼります。2と刻んだ柚子の皮を入れて、40分程漬けます。

4　ぎんなんのカラをむきます。小鍋に揚げ油を入れて170℃に熱し、ぎんなんを1～2分程素揚げします。

5　3からサワラを取り出して汁気をきります。魚焼きグリル、または焼きアミを熱し、サワラを弱火で火が通るまで焼きます。器に盛り、ぎんなんを添えて、ぎんなんに塩を振ります。

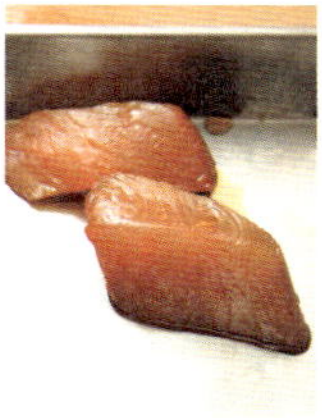

◎残った漬け汁は、柚子の皮を除き、鍋で煮立たせてから冷まし、冷蔵庫で保存すれば、1カ月程持ち、2～3回くり返し使うことができます。

魚をおいしく焼きましょう

幽庵焼きというのは、割り下に柚子などの柑橘の果汁を入れた漬け汁に、魚や肉などを漬けてから焼く料理です。

ここでは、サワラを使いましたが、ほかにも特別感を出すなら甘鯛を使ったり、普段のおそうざいには、季節の白身魚や、鶏もも肉で作るのもおすすめです。

魚を焼くとき、塩焼きでも照り焼きでも、おいしく仕上げるポイントは、その魚の身からにじみ出てくる脂で焼くということです。魚は焼くと最初に水分が出てきます。その次に脂が出てきて、その脂で焦げ目がついていくのです。

ですから、アジやサバ、カマスなど、水分の多い魚はあらかじめ塩をして干し、干ものにしたりします。焼く前に水分を抜いておくほうが、おいしく焼きやすいのです。

わけぎとアサリの酒蒸し（作り方64頁）

根菜蒸し（作り方65頁）

アサリと昆布のダシを含んだわけぎが主役

わけぎとアサリの酒蒸し

材料（2人分）
- アサリ…250g
- わけぎ…5本（100g）
- 昆布…10g
- 日本酒…カップ1/2杯

作り方

1　アサリは、塩分3%の塩水に浸けて冷蔵庫で一晩おいて砂抜きをします。ボールにアサリとヒタヒタの水を入れ、アサリを手でつかんで揉み、カラ同士をこすって汚れを取ります。わけぎは斜めに長さ5cmに切り、青い部分と白い部分を分けておきます。

◎アサリのカラには汚れやにおいがついています。しっかりとこすり合わせて、取り除きましょう。
◎わけぎの白い部分には甘味があり、アクをやわらげます。青い部分は香りを楽しみます。青い部分の方が白い部分より火の通りが早いので、時間差をつけて加熱します。そのため、切ったあとは分けておきましょう。

2　土鍋に昆布、アサリ、日本酒、水カップ1/4杯、わけぎの白い部分の順に入れ、フタをして中火にかけます。

3　沸騰したら中弱火にします。アサリのカラが開いたら、わけぎの青い部分を入れます。フタをして火を止め、1分程蒸します。

4　温かいうちに、わけぎにスープをつけながらいただきます。

素材の塩味と甘味をバランスよく味わいます

アサリは春先と秋口に身が肥えておいしくなります。「アサリの酒蒸し」は昔から定番のおそうざいですが、具がアサリだけだと塩味が濃く、現代の減塩嗜好の方には、少し塩辛く感じるので、甘味のある具材を足してバランスを取ったほうがよいと思います。

そこでわたしは、根元に甘味を持つわけぎを加えて、アサリと昆布のうま味を含んだスープを含ませて、一緒に味わえるようにしました。わけぎは、斜めに切って断面積を増やしました。スープをよく含ませるために、わけぎのほかに、旬の春キャベツで作っても結構です。春キャベツにもわけぎと同様の甘味があるからです。

そのまま食卓に出せるように土鍋を使って作りましたが、フライパンで作って、器に盛っても結構です。

うす味のダシ汁をかけていただきます

根菜蒸し

材料（2人分）

- れんこん…50g
- 里いも…2コ
- 金時にんじん（またはにんじん）…厚さ4cm
- さつまいも…厚さ4cm
- サラダほうれん草…2株
- 昆布…10cm角
- 塩…少々
- かつお昆布ダシ…カップ1杯
- みりん…小サジ2杯
- うす口しょう油…小サジ2杯

作り方

1　れんこん、里いも、にんじんは皮をむいて、ひと口大に切ります。さつまいもは、皮ごとひと口大に切ります。

2　深皿を用意し、皿の大きさに合わせて昆布を切ってしきます。その上に1をのせ、塩を振ります。

◎すべてをひと皿にのせても、1人分の皿に半量ずつをのせても結構です。

3　沸騰した蒸し器に2を皿ごと入れ、強火で10分程蒸します。れんこんに火が通り、竹串がスッと刺さるようなら取り出します。

4　小鍋にかつお昆布ダシ、みりん、うす口しょう油を入れ、中火にかけて温めます。

5　サラダほうれん草を食べやすい大きさに切り、3の皿にのせます。上から温かい4を注ぎ、いただきます。

少ない塩分で、穏やかな味わいを楽しみましょう

「根菜蒸し」のポイントは、うま味。ダシや昆布などのうま味を加えることで、素材の味が引き立って感じられます。調味料が少ない分、素材がものをいいますから、ぜひ質のよい野菜で作ってください。

また、電子レンジで加熱するのではなく、蒸し器の使用をおすすめします。じっくりと時間をかけて蒸すことで、昆布のうま味を野菜に行き渡らせるためです。よい野菜なら蒸すだけでもおいしいのですが、うす味のダシをかけると、ほどよく水分が加わって軽やかな炊き合わせ風に仕上がり、食べやすくなります。

素材そのものの穏やかな味わいは朝食にもぴったり。濃い味だと、舌がすぐに味を感じてあまり噛まずに飲み込んでしまいがちですが、うす味だと、味を探すためによく噛むようになり、消化もよくなります。

桜エビのかき揚げ丼（作り方68～69頁）

ハマグリのかす汁（作り方70～71頁）

香ばしいエビのうま味を堪能する

桜エビのかき揚げ丼

材料（4人分）
・釜揚げ桜エビ…120g
・薄力粉
・ご飯
・柚子の皮…少々
・揚げ油
・かつお昆布ダシ…60ml

衣（作りやすい分量）
・玉子の黄味…1/2コ分
・薄力粉…カップ1/2杯　・水

割り下（出来上がり約250ml）
・日本酒…80ml
・みりん…140ml
・しょう油…60ml

作り方

1　割り下を作ります（22頁）。柚子の皮をせん切りにします。

2　衣を作ります。玉子の黄味と水、合わせてカップ1/2杯と薄力粉をボールに入れ、泡立て器でよく混ぜます。

3　小さなボールに桜エビ30gを入れ、薄力粉小サジ2杯を加えて全体にまぶし、衣大サジ1 1/2杯を加えて混ぜます。これを4つ作ります。

4　揚げ油を190℃に熱した鍋に、3のひとつを油の近くから一気に加えます（a）。入れた直後は少し火を強め、箸で時々ひっくり返しながら火を加減して、カリッとするまで揚げます（b）。

5　鍋に割り下とダシ、柚子の皮を入れて沸かし（a）、揚げたての4を入れます（b）。残り3つも同様にします。

◎揚げたてを浸すことで中まで味がしみ込みます。

6　器にご飯をよそい、5をのせます。

揚げものは、油の温度が決め手です

揚げものは温度差の料理と言えます。薄力粉、玉子、水でできた冷たい衣を、瞬間的に加熱して水分だけを抜き、薄力粉と玉子を固めます。手際よく瞬時に加熱することが、カラリと揚げるコツです。

ですから、最初にタネを入れるときの油の温度が大切です。慣れないうちは、温度計を使ってきちんと測りましょう。「桜エビのかき揚げ」の場合、190℃と高めの温度から揚げはじめます。揚げものがうまくいかないのは、冷たいタネを入れて油の温度が下がることを考えていない場合が多いのです。冷たいタネを入れると、油の温度は何十℃も下がってしまいます。一度にたくさんタ

2

3

4-a

4-b

5-a

5-b

ネを入れず、タネを入れたら火を調節しながら、温度が下がりすぎないように注意しましょう。そして、次のタネを入れるときは、再び油が適温まで上がってからにします。タネを入れるタイミングは、間隔を空けます。ガスコンロの火口は円形になっているので、鍋の中心より外側のほうが温度は高いものです。タネを泳がせて油を回すことで、油全体の温度が均一になります。

かき揚げのポイントは、衣をうすくつけることです。また、かき揚げが油の中でうまくまとまらないのは、野菜などの表面から出る水分によって、具が離れたり、衣が外れてしまうからです。具の水気をきり、最初に薄力粉をまぶすと、水分が出るのを防げます。ご家庭では、小さめの鍋で1人分ずつ揚げると、タネがまとまりやすく、油の量も少なくて済みます。かき揚げ丼の組み合わせには、ほかに、ごぼうと豚肉、ホタテと九条ねぎなどもよく合います。

酒かすの風味を生かした
上品な味わい

ハマグリのかす汁

材料（2人分）

- ハマグリ…8〜10コ（300g）
- 金時にんじん…60g
- かぶ…小1コ（100g）
- せり…10g
- 柚子の皮…少々
- かつお昆布ダシ…カップ1 1/2杯
- うす口しょう油…小サジ1/2杯

酒かすペースト（作りやすい分量）

- 酒かす…200g
- 白みそ…65g
- 日本酒、水…各カップ1/4杯

作り方

1　深いバットにハマグリを入れて、流水をかけながら、手でカラ同士をこすって洗います。

2　にんじんとかぶは、皮をむいて長さ4cm位の細切りにします。柚子の皮はせん切りにします。せりは長さ4cmに切ります。

3　酒かすペーストを作ります。フードプロセッサーに酒かすペーストの材料を入れ、なめらかになるまで撹拌します。

◎酒かすは溶けやすいように、先に水分を加えてペースト状にしておきます。

4　鍋に、にんじん、かぶ、かつお昆布ダシとハマグリを加えて強火にかけます。

5　沸騰したら火を弱め、アクが出たらすくいます。ハマグリのカラが開いたら（a）、3の酒かすペースト100gをみそ漉しで溶かし入れます（b）。

6　うす口しょう油を加えて味をととのえ、せり、柚子の皮を加えて火を止め、器に注いでいただきます。

うま味の適量を知りましょう

「ハマグリのかす汁」は、ハマグリのうま味と酒かすの風味を生かした、しみじみとした味わいのお吸いものです。

毎日の料理で大切にしていただきたいのは、素材から出るうま味を意識することです。意識しないと、それだけでは不安になって、インスタントのダシを加えたり、調味料を加えすぎたりして、素材のうま味を損ねてしまいがちです。素材が持つうま味を組み合わせたり、うま味の適量を知ることで、余分なうま味や調味料を足さずに、おいしい料理ができるようになるのです。

例えば、ふだん手にするハマグリよりもよく肥ったおいしいハマグリが手に入ったのなら、ベースとなるダシはかつお昆布ダシではなく昆布ダシを使うなどして、うま味の量を調整してみてください。素材の味が

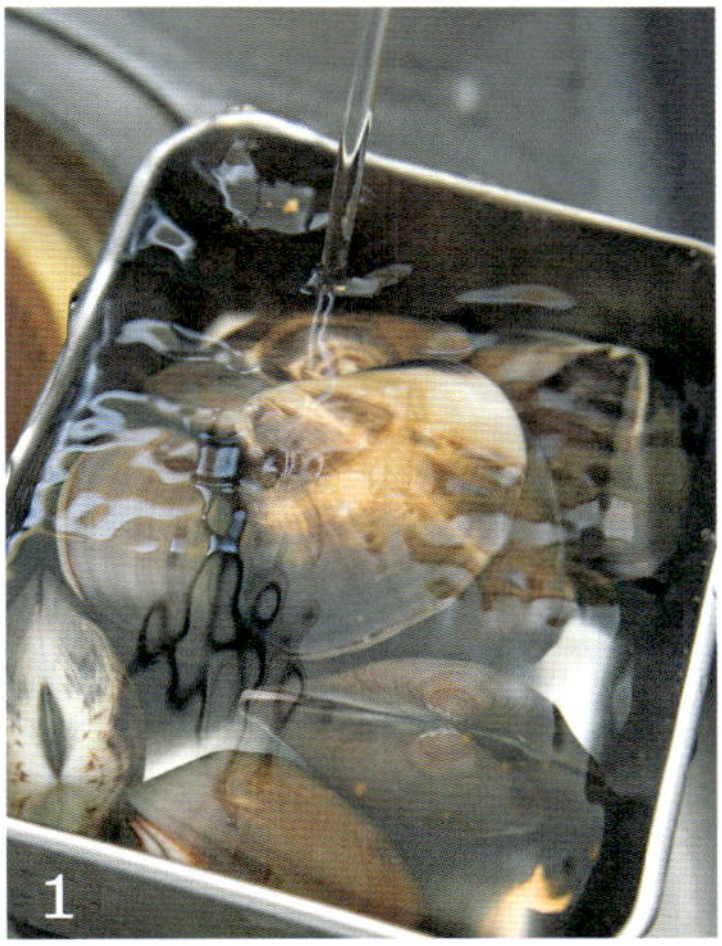

1

4

5-b

3

5-a

6

クッキリと引き立ちます。

冬には、ハマグリをカキに代えてもよく合います。野菜は、かぶを大根に、せりをほうれん草にと、買いおきのあるもので結構です。いろいろとアレンジしてみてください。

酒かすペーストの風味は、酒かすやみその種類によって異なりますから、途中で味をみながら加える量を調整します。酒かすペーストは、かす汁のほかにもさまざまな料理に利用できます。酒かすペーストにわさびを加え、ゆでた青菜や鶏のささ身、マグロの刺身を和える「かす和え」もおいしいものです。わさび漬けのような、清々しい風味の和え衣になります。さらに白みそを加えてかす床を作り、切り身魚を一晩漬け込んで焼く「みそ漬け焼き」もおすすめです。魚を漬けたあとのかす床は、表面に出た水気を除けば、もう1〜2回使えます。保存容器に入れて冷蔵庫で1カ月程保存できます。その場合も、水分が出たら除きます。

甘酸っぱい酢みそが食欲をそそる

赤貝とせりの酢みそがけ

材料（2人分）

- 赤貝（刺身用）…2コ
- せり…2束
- 柑橘（柚子、すだち、かぼすなど）のしぼり汁…大サジ$\frac{1}{2}$杯
- 練り辛子…小サジ$\frac{1}{4}$杯　・塩

玉みそ（作りやすい分量）

- 玉子の黄味…1コ分
- 白みそ…150g
- 三温糖…12g
- 日本酒…大サジ$1\frac{1}{2}$杯
- みりん…大サジ$1\frac{1}{3}$杯

作り方

1　玉みそを作ります。鍋に材料を入れて木ベラで混ぜます。中火にかけ、焦がさないよう絶えず底から返すように混ぜ、沸いてきたら、火から下ろして粗熱を取ります。

2　酢みそを作ります。ボールに玉みそ50g、柑橘のしぼり汁、練り辛子を入れて、泡立て器でまんべんなく混ぜます。

3　赤貝を細切りにします。せりは塩適量を入れた熱湯でさっとゆでて冷水に取り、かたくしぼって根元を落とし、長さ5cmに切ります。皿に赤貝とせりを盛り、上から酢みそをかけていただきます。

◎具は、せりの代わりにわけぎ、赤貝の代わりにトリ貝など貝類全般や、タコ、イカ、マグロの刺身も合います。

◎玉みそは、密閉すれば、冷蔵庫で3カ月程持ちます。ダシでのばし、柚子の皮を加えて「柚子みそ」にして、風呂吹き大根にのせてもおいしくいただけます。

春野菜の歯ごたえを楽しみましょう

せり、竹の子、ふきのとう、たらの芽、こごみ、蕨など、春が旬の野菜には苦味があります。その苦味を消さずにおいしく味わいたいものです。また、シャキシャキとした歯ごたえもおいしさのひとつ。せりはすぐに火が通るので、火を入れすぎないようにさっとゆでると香りが抜けません。逆に、冬が旬の大根、にんじんなど、土の中で育つ根菜は、じっくり火を入れます。

酢みそは具の上からかけても、「ぬた」のように和えても結構です。和えたら、すぐにいただきましょう。時間をおくと、具から水分が出て、水っぽくなってしまいます。上からかけると、好みで酢みその量を調整しながらいただけます。和え衣の使い方を変えるだけで、いつもと違うひと皿になりますので、ぜひお試しください。

昆布のうま味を味わう漬けもの

かぶの千枚漬け

材料（作りやすい分量）

- かぶ…3コ
- 昆布…10×25㎝角
- 酢、みりん…各小サジ1杯
- 塩 ・柚子の皮…適量

作り方

1　かぶは茎を3㎝程残して葉を落とし、皮ごとスライサーで厚さ2㎜位のうす切りにします。残した茎の部分を持つと、スライスしやすくなります。

2　ボールに水カップ2½杯、塩大サジ1杯（約15g）を入れてよく混ぜ、3％の塩水を作ります。うす切りにしたかぶを入れて、15〜20分漬けます。

◎塩水に漬けると、かぶから水分が抜けて柔らかくなります。また、かぶに下味がつきます。

3　小さなボールに酢とみりんを合わせます。片手に取って、昆布の片面にさっと振りかけ、なじませます。

4　塩水に漬けておいたかぶを手でしぼって水気をきり、昆布の上に広げて少しずつ重ねながら並べます。昆布の手前から、かぶごと巻いて、輪ゴムでしばります。そのまま20分程おいたら、かぶを取り出します。器に盛り、おろした柚子の皮を振りかけます。

さっと作れる漬けものが食卓を豊かにします

箸休めにも、お茶請けにも、漬けもののある食卓というのは、どこかほっとしていいものです。ところが市販の漬けものは合成甘味料がたくさん入っていてヘンに甘く、添加物も気になります。

「かぶの千枚漬け」は、小1時間で漬かる漬けものですが、かぶの甘味と、しっかりとした昆布のうま味を味わうことができます。手軽にできるので、お弁当のおかずにも重宝します。

使い終わった昆布は、ラップをして冷蔵庫に入れておけば2〜3回くり返して使えます。2回目以降も同様にして巻き、巻いたあとにおく時間を2回目は30分、3回目は40分と、徐々に長くしましょう。昆布の裏面を使っても結構です。また、昆布を細かく刻んで、千枚漬けと一緒にいただいてもいいでしょう。

ネットリした食感の
れんこんがおいしい

れんこんまんじゅう

材料（4人分）

・れんこん…200g
・菜の花…2本
・かつお昆布ダシ…カップ1/2杯
・吉野葛…50g　・炒りごま…8g
・塩…小サジ1/2杯　・揚げ油
・練り辛子

銀あん

・かつお昆布ダシ…カップ2杯
・うす口しょう油…小サジ2杯
・塩…少々
・吉野葛…10g　・水…大サジ2杯

作り方

1　れんこんは皮をむき、適当な大きさに切ってフードプロセッサーに入れて攪拌し、細かくすりつぶします。菜の花は、さっとゆでて半分に切ります。

2　鍋に1のれんこんとかつお昆布ダシ、吉野葛、炒りごま、塩を入れて中火にかけ、水分がとんで手が重たくなってくるまで根気強く、木ベラで練ります。

3　ラップをしいた小鉢に、2の1/4の量を入れ、巾着状にまるめて輪ゴムで口をしばり、氷水を入れたボールにつけて冷やし固めます。これを4コ作ります。

4　銀あんを作ります。鍋にかつお昆布ダシ、うす口しょう油、塩を入れて中火にかけ沸騰させ、火を止めます。水で溶いた吉野葛を入れて混ぜ、トロリとさせます。

5　揚げ油を170℃に熱し、ラップを外した3を入れ、きつね色に色づくまで揚げます。器に盛って銀あんをかけ、菜の花と練り辛子を添えていただきます。

温かい記憶が
わが家の味になります

「れんこんまんじゅう」は、れんこんと葛のネットリとした食感を味わう料理です。これは、わたしが料理修業に出たばかりの頃、久しぶりに実家に帰省したときに作って、両親に食べてもらった料理のひとつです。「最近どんな料理を覚えたのか、ちょっと作ってみて」ということで作ったのだと思いますが、両親が「おいしい、おいしい」と食べてくれたことを、今でも覚えているのです。それで、少し手間はかかっても、くり返し作る「わが家の味」になりました。

「おいしいね、食感がいいね」など家族が口々に言いながら食卓を囲んだ、温かい記憶がある料理。それが結局、ああ、そろそろあの料理が食べたいな、あの料理が作りたいな……と思い出す、定番の味になっていくのでしょう。

春野菜の山椒炊き （作り方80頁）

竹の子とそら豆の炊き込みご飯（作り方81頁）

山菜の苦味と
山椒が合う

春野菜の山椒炊き

材料（2人分）

- 竹の子（水煮）…1/2コ
- たらの芽…8本
- ふき…1本
- こごみ…6本
- 塩　•ごま油…大サジ1杯
- 粉山椒　•木の芽…適量

割り下（出来上がり約70㎖）

- みりん…大サジ2 2/3杯
- 日本酒…大サジ1 1/2杯
- しょう油…大サジ1杯

作り方

1　割り下を作ります。鍋にみりんと日本酒を入れて中火にかけ、ひと煮立ちさせてアルコールをとばします。火を止め、冷めたらしょう油を加えます。

2　竹の子はタテ8等分に切ります。たらの芽は根のかたい部分を庖丁で切り取ります。こごみは長さ半分に切ります。ふきは10cm位に切って、まな板に並べて置き、塩小サジ1杯を振って、手のひらで転がして板ずりします。ふきは熱湯で、柔らかくなるまで3～5分ゆでて、冷水に取ります。手でスジを取り、長さ5cmに切ります。

3　フライパンを中火にかけ、ごま油を入れ、竹の子、たらの芽、こごみ、ふきを入れて炒めます。全体に軽く焼き目がついたら、割り下を少しずつ加え、弱火にして菜箸で全体を混ぜます。山菜が縮まない程度に火が通ったら火を止めます。器に盛って、粉山椒を振り、木の芽をのせます。

春野菜はさっと火を通し、苦味を味わいます

「春野菜の山椒炊き」は、春野菜を甘辛い割り下でさっと煮ます。山椒や木の芽を添えると、味がきりりと引きしまり、春野菜の苦味とのバランスもよく、よりいっそうおいしくいただけます。ふきは、ゆでる前に板ずりをすると、色が鮮やかになり、スジが取りやすくなります。ゆでたものは、緑が映えるように、冷水に取ってすぐに冷まします。

調理するときは、じっくり煮るのではなく、野菜の苦味と甘味が残るように、焼いてから煮ます。表面を焼いて焼き目をつけることで、香ばしさが生まれ、それが苦味を引き立てるのです。また、煮る前に焼くことで、短時間で火が通ります。水分がとんで調味料をよく吸うので、味がしみ込みやすくなります。山椒炊きには、山菜のほかにきのこ類もよく合いますのでお試しください。

うま味をたっぷり吸った
油揚げが隠し味

竹の子とそら豆の炊き込みご飯

材料（4人分）

- 竹の子（水煮）…120g
- そら豆…10本
- 油揚げ…1枚
- 米…2合　•塩
- かつお昆布ダシ…カップ2杯

調味料

- みりん…大サジ2杯
- うす口しょう油…大サジ2杯
- こい口しょう油…大サジ1杯
- 日本酒…大サジ2杯

作り方

1　米をといで20分ほど浸水させたら、ザルに上げて水気をきります。竹の子は2cm角に切ります。油揚げは流水で揉んでからしぼって水気をきり、1cm角に切ります。そら豆は豆をサヤから出して塩を軽く振り、熱湯で2分30秒~3分ゆで、皮をむきます。

◎米は吸水させたあと、水気をしっかりきると、炊き上がりが水っぽくならず、ふんわりと仕上がります。

2　鍋に竹の子とダシを入れて、中火にかけます。煮立ってきたら調味料を入れ、再び沸いたら火を止めます。

3　土鍋に米を入れて平らに広げ、その上に油揚げを散らし、2を汁ごと入れます。フタをして、弱火で3分、強火で5分、中弱火で5分、弱火で5分加熱したら火を止め、そら豆を加えてすぐにフタをしめて5分蒸らします。よく混ぜてから、器によそっていただきます。

旬の食材の存在感を大切にします

わたしが料理を作るときに最初に意識するのは旬の食材です。旬の食材を使えば、特別なことをしなくても素材のおいしさに助けられます。「竹の子とそら豆の炊き込みご飯」は、味にも見た目にも春の訪れを感じられるひと品です。

竹の子とそら豆の存在感を出すために、油揚げは細かく切って目立たないようにします。竹の子は、採ってから時間が経つほどにエグ味が出てかたくなります。採れたてを産地でゆでて水煮にしてから運ばれたもののほうが、生からゆでるよりおいしい場合もありますし、なにより手軽に調理できるので、水煮を使ったレシピをご紹介しました。土鍋ではなく、炊飯器でふつうに炊いても結構です。炊き込みご飯のように、誰もが味を想像できる料理こそ、よりおいしく作りたいものです。

笑顔で作るからおいしい

わたしには、幾度となく開く好きな料理本があります。それは、サラダのドレッシングやマヨネーズ、ソースの作り方についてフランス語で書かれた本で、レシピの手順に「1　晴れた日、窓を開けて深呼吸します」なんて書いてあるのです。レシピの中に、材料がひとつも出てこない手順がある。面白いでしょう。これは、「サラダをいただくなら晴れた日がいいよね！」ということと、「ドレッシングをかき混ぜるときは、ゆったりした気持ちで少しずつ！　あわてて一度に材料を混ぜ合わせないで」ということを、暗に伝えています。

当たり前のことですが、料理がおいしくできたかどうかは、出来上がったときではなく、いただいたときにわかることです。ですから、材料や手際、レシピの良し悪しよりも、その料理をいただくのに適した天気かどうか、ということが、ときには「おいしさ」を左右するかもしれません。

また、料理は人の手で作るものですから、作り手のコンディションが味に大きく影響します。ニコニコしながらゆったりした気持ちで作ればおいしくなるし、イライラして焦って作ったら、やっぱりトゲトゲした味になるのです。

もちろん、忙しい毎日の中で、その日の天候や料理を食べる人の気分を慮り、さらに自分も機嫌よく料理するというのは、簡単なことではありません。でも、ほんとうはレシピそのものよりも大切なことなのです。

わたしがこの本で、保存がきいていろいろな料理に展開できる「合わせ調味料」を作っておくことや、おそうざいを多めに作って常備菜にすることをおすすめしているのは、そんな心のゆとりも大切にしてほしいからです。

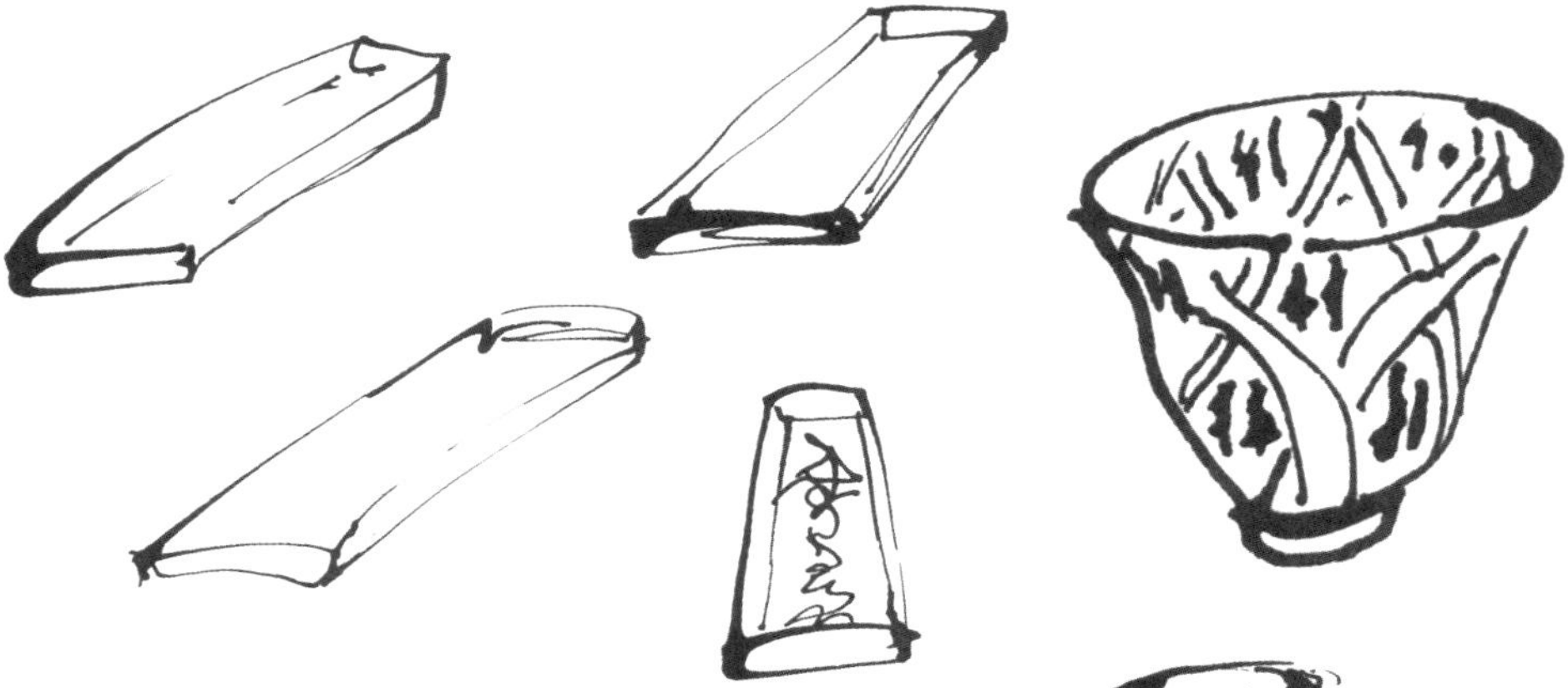

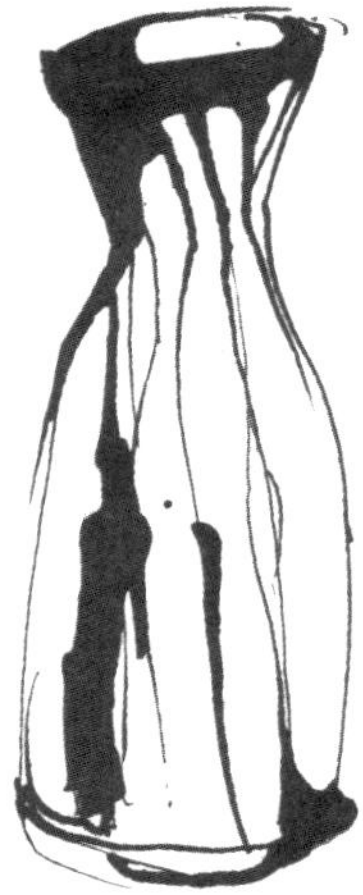

夏の おそうざい

夏は太陽の光を浴びた
葉となりもの、
青背の魚の季節。
香辛料や酸味を効かせ、
さっぱりと仕上げましょう。

皮の焦げ目が
カリッと香ばしい

鰹の焼き造り

材料（2人分）

- 鰹のサク（皮つき）…160g
- 塩
- コショー
- 練り辛子

作り方

1　鰹は庖丁で血合いを取り除きます。皮の全面に細かく斜めに切り目を入れます。両面に軽く塩を振ります。

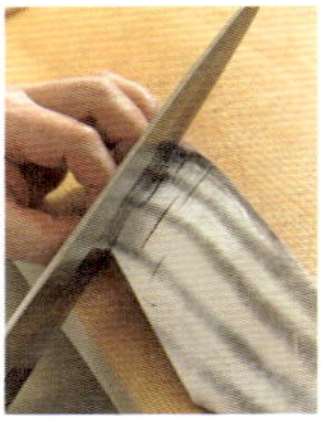

2　樹脂加工のフライパンを中火で熱し、熱くなったら皮を下にして鰹を置きます。上からコショーを軽く振ります。鰹から脂が出てきたら、鰹を手で持ち上げて、キッチンペーパーで拭き取ります。再び鰹をフライパンに戻し、上から手でつまんで押さえます。こうすると均等に皮が焼けます。脂が出なくなったらフライパンから取り出します。器に盛って、庖丁で厚さ1cm位に切ります。器に盛って、辛子を添えていただきます。

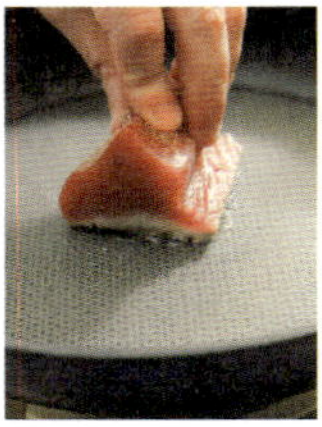

◎鰹は中まで火が通るとかたくなるので、皮の部分だけ焼きます。皮に切り目を入れて、皮の下にある脂を出やすくし、鰹から出た脂で焼きます。皮の温かさと身の冷たさのコントラストが味わえます。

◎鰹は身に液体がしみ込みにくいので、しょう油をつけても流れてしまいます。焼けた皮の部分に脂と塩のうま味をしみ込ませているので、ステーキのような香ばしい味わいです。塩、コショー、辛子は生ぐささをぐっと抑え、甘味やうま味を引き立てます。

素材に合った焼き方で
おいしさを引き出します

フランスの日本料理店で働いていたとき、わたしが鰹を焼いて冷水に浸けるのを見て、フランス人のアシスタントが「なぜ水に浸けるの？」と尋ねました。熱いままでは出せないからだと答えると、彼は「でもステーキは焼いてから洗いません」。確かにステーキの場合、焼いて脂がにじみ出てきたところに塩がからんで、うま味が生まれます。そこを洗うなんて考えられない、と言うのです。「調味料や薬味で味を補うからいいのだ」と答えつつ、疑問が生まれ、試行錯誤を重ねた結果、身は冷たいまま皮だけを焼き、水に浸けない焼き造りを考え出しました。

香ばしい焼き目も
おいしさのうち

豚のしょうが焼き

材料（2人分）

- 豚ロース肉（しょうが焼き用）…4枚（200g）
- キャベツ…140g
- ごま油…大サジ1杯

漬けダレ

- しょうが…1片 •みりん…大サジ1杯 •日本酒…大サジ1杯 •しょう油…大サジ1杯

ドレッシング

- マヨネーズ…大サジ2杯 •うす口しょう油…小サジ2杯 •米酢…小サジ2杯 •みりん…小サジ2杯

作り方

1　しょうがをおろします。バットに漬けダレの材料を混ぜ、豚肉を広げて入れます。途中で肉を返して漬けダレをなじませ、2～3分漬けます。

2　キャベツはせん切りにして、水にさらし、よく水をきってからキッチンペーパーで水気を拭き取ります。ドレッシングの材料をボールに入れ、泡立て器でよく混ぜ合わせます。

3　フライパンを強火で熱し、ごま油をひきます。温まったら1をタレごと加えます。肉にタレをからめながら、香ばしい焼き目がつくまで両面を焼きます。

4　器にキャベツを盛り、ドレッシングをかけます。その上に3を盛りつけます。

香辛料を効かせて
暑気払いをしましょう

わたしはしょうがや山椒、コショーなどの香辛料を好んで使います。一般的に、野菜や肉が持つ味やうま味を引き立てるために塩分を加えますが、そこに香辛料の香りや辛味を加えると、味に奥行や広がりが生まれ、個性のある味わいとなるからです。また、香辛料には食欲を増進させ、消化吸収を助ける効果があります。とくに食欲がなくなりがちな夏に、じょうずにとりたいものです。

「豚のしょうが焼き」では、しょうがみりんの甘味を引きしめます。意外かもしれませんが、わたしは台湾産や中国産のしょうがを好んで使います。日本産に比べると柔らかく、香りのよいものがあるのです。キャベツにかけるドレッシングには、辛子を加えると、しょうが焼きの肉のうま味がさらに引き立ちますので、好みでお試しください。

豚肉の甘味を
味わう柔らかい冷しゃぶ

豚肉とレタスの冷しゃぶ

材料（2人分）

•豚ロースうす切り肉（しゃぶしゃぶ用）…100g
•レタス…100g

つゆ

•かつお昆布ダシ…110mℓ
•しょう油…大サジ1 1/3杯
•みりん…大サジ1杯

作り方

1　つゆの材料を混ぜ合わせ、冷蔵庫で冷やしておきます。

2　ボールに氷水を用意します。鍋に水を入れて中火にかけ、細かい泡が立ったら、レタスを入れてゆでます。レタスが透き通った感じになったら、鍋から引き上げ、氷水に入れます。完全に冷めたら、ザルに上げて水気をよくきります。

3　同じ湯で、沸騰させないように火加減を調整して、豚肉1枚を広げて入れ、ほんのりピンク色が残る位まで火が通ったら、2と同じ氷水に入れて冷まします。同様にすべての肉をゆでて冷まし、ザルに上げて水気をきります。

◎豚肉は、ゆですぎると色が白っぽくなり、かたくなるので、色の変化に注意して引き上げましょう。

4　器にレタスと豚肉を盛ります。1のつゆをかけていただきます。

◎豚肉はしゃぶしゃぶ用の牛うす切り肉に、レタスは、サラダ菜に代えて同様に作ることができます。

素材を生かすゆで方のコツをお教えします

夏は、さっぱりとしたものが食べたくなります。ゆでる調理法は、食材の脂が適度に落ち、食感もよくなるため、夏に向いています。

肉や魚介をゆでるときは、火を通しすぎないことがポイントです。加熱しすぎるとパサパサとしてしまいます。豚肉の冷しゃぶは、沸騰直前の湯に入れ、ほんのりピンク色が残る程度で湯から引き上げ、氷水に取って熱を冷まします。すると、豚肉の甘味が残り、柔らかく仕上がります。

レタスをゆでるのは意外かもしれませんが、余分な水分が抜けて、シャキシャキとして甘味が増す、おすすめの食べ方です。

練り辛子を添えたり、ごま油を垂らしたり、しょうがやレモンのしぼり汁をかけると、より豊かな味わいになります。お好みの風味にアレンジしてください。

アジの南蛮酢漬け（作り方92～93頁）

カレイの煮つけ梅風味 （作り方94～95頁）

さっぱりと軽い食感で、いくつでも食べたくなる

アジの南蛮酢漬け

材料（作りやすい分量）
・豆アジ…12尾　・玉ねぎ…1コ
・すだち…適量　・七味唐辛子
・薄力粉　・揚げ油

南蛮酢
・三温糖…30g　・うす口しょう油、みりん、純米酢、日本酒、かつお昆布ダシ…各カップ1/2杯

作り方
1　豆アジは、庖丁でゼイゴを取り（a）、エラぶたを開けて刃先を入れ、内臓を刃先で押さえて（b）、魚をひっぱり、内臓を取り出します（c）。エラから菜箸を入れ、残りの内臓を取り除きます（d）。流水で洗って水気をきります。

◎内臓が残っていると、油がはねますし、油が傷みます。エラに指を入れて取ると怪我をするので、庖丁や菜箸を使います。

2　玉ねぎは、タテ半分に切り、センイに直角にうす切りにします。

3　南蛮酢を作ります。材料の液体すべてを鍋に入れて沸かし、三温糖を加えてよく混ぜます。

4　小鍋に湯を沸かしておきます。アジに薄力粉をつけて、余分な粉をはたきます。180〜190℃の油でアジを揚げ（a）、うす茶色になったら、アミ杓子などで3、4尾ずつすくい、湯が沸騰している小鍋に入れ、さっと引き上げ（b）、湯きりをしてからボールに入れます。

5　4のアジに玉ねぎをのせ、熱い南蛮酢を注ぎます。ボールごと氷水につけて冷まし、20分程してアジに南蛮酢がしみたら、すだちをしぼりかけ、器に盛り、七味唐辛子を振りかけます。

味つけを工夫してさっぱり仕上げましょう

おそうざいを、味つけでさっぱりさせるには、酸味を取り入れます。

「アジの南蛮酢漬け」の合わせ酢は、うす口しょう油、みりん、純米酢を同量ずつ合わせた「三杯酢」に、日本酒とダシをさらに同量ずつ足し、三温糖を加えたもので、「南蛮酢」または「五杯酢」と呼んでいます。

三杯酢に漬けると、アジに酢がしみすぎて酸味がきつく感じるので、日本酒とダシでうすめ、隠し味に三温糖を加えます。素材にかけていただくときは三杯酢、しみ込ませるときは南蛮酢、と使い分けています。

アジの唐揚げは、揚げたままでは身の中まで油が入っていて南蛮酢が

1-a

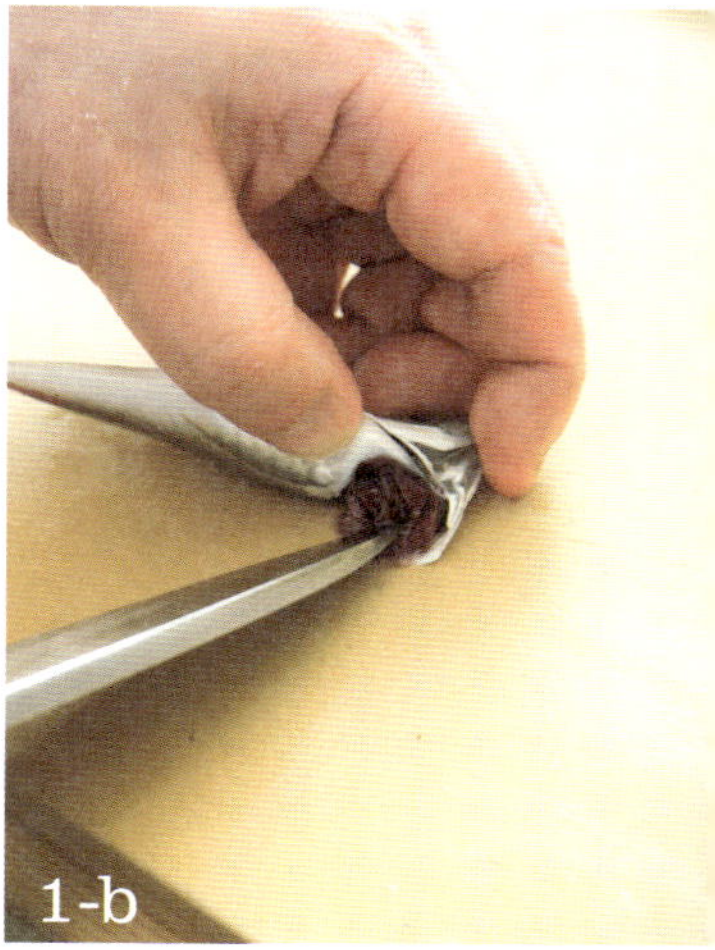
1-b

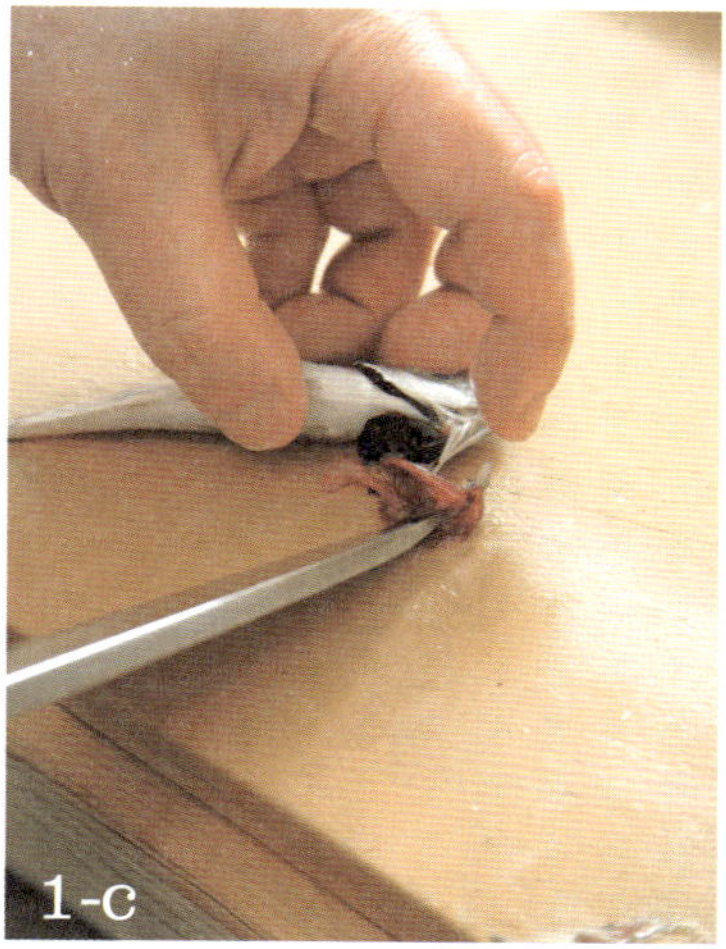
1-c

1-d

4-a

4-b

しみ込みにくいので、揚げたあと、湯にさっとくぐらせて、余分な油を抜きます。油が抜けることで、衣がスポンジ状になり、南蛮酢もよくしみ込み、味わいも軽くなります。油抜きは、沸かした湯にくぐらすのが一番良い方法ですが、熱湯をかけるだけでも少しは油が抜けます。大切なのはアジが揚げたての熱い状態のときに、熱湯にくぐらせたり、熱湯をかけたりすることです。冷めると油が抜けにくくなるからです。

　玉ねぎは、南蛮酢が熱いうちに漬けると、味がしみやすくなります。それから急に冷やすことで、玉ねぎのシャキッとした食感が残ります。玉ねぎの他にも、ねぎやニラなど、少し辛味のある野菜がよく合います。仕上げにすだちなどの柑橘をしぼると、さわやかでフルーティーな酸味が加わります。漬け込むものは、豆アジ以外にも、大きなアジやカレイの身、鶏の唐揚げなどでも結構です。冷蔵庫で2～3日持ちます。

甘酸っぱい、さわやかな煮つけ

カレイの煮つけ梅風味

材料（2人分）

・カレイ（切り身）…2切れ
・うど…10㎝
・梅干し…2コ
・日本酒…約250㎖
・しょう油、三温糖…各大サジ1杯
・木の芽…適量

作り方

1　カレイを霜降りします。鍋に湯を沸かし、沸騰したところにカレイをさっとくぐらせます(a)。氷水にカレイを入れ、手やタワシで表面の汚れやぬめりを取り除きます（b、c）。

◎霜降りすることで生ぐさみを消します。表面のたんぱく質を固めるだけなので、10秒ほど熱湯にくぐらせれば大丈夫です。

2　うどは皮をむいて、長さ5㎝、厚さ5㎜に切ります。梅干しは竹串で数カ所刺します。

◎梅干しを竹串で刺すことで、梅の酸味が煮汁に出やすくなります。

3　カレイが重ならずに入る位の鍋（直径24㎝程）に、カレイと梅干し、うどを入れます。カレイの高さの半分位まで日本酒を入れ、強火にかけます（a）。沸いてきたら、しょう油と三温糖を入れて（b）、落としブタの代わりにアルミホイルをかぶせ、弱火で7分程煮ます（c）。

◎カレイがかぶる程日本酒を入れると、うま味がうすまってしまいます。日本酒を入れすぎないように注意しましょう。

4　器にカレイ、うど、梅干しを盛り、煮汁をかけ、木の芽をのせます。梅干しをほぐしながら、カレイと一緒にいただきます。

魚を日本酒で煮る理由をお話ししましょう

キンキ、金目鯛など、脂が多い魚は、加熱すると脂が出るため、それを補う塩分やコクを加えなければなりません。そこで、こい口しょう油やたまりじょう油などの調味料を使い、濃い味つけで煮ます。その結果、脂が甘味として感じられるのです。

一方、カレイ、アイナメ、スズキなどは比較的、脂やうま味が少ない、淡白な白身魚です。このような魚は、塩分で味わいを深くするのではなく、酸味を加えることで味を完成させます。「カレイの煮つけ梅風味」は、梅干しと一緒にあっさり炊き、夏にぴったりのさわやかさも出しました。梅干しと煮ると魚くささが取れ、身が引きしまり、煮くずれ防止の効果もあります。梅干しは丸ごと使わずに、種だけを2～3コ入れても効果が出ます。

カレイに限らず、鯛のアラやブリ

1-a

1-c

3-b

1-b

3-a

3-c

のアラ、メバルなどの煮つけは、日本酒だけで煮るのが理想です。それは、日本酒の沸点が水より少し低いところに理由があります。たんぱく質は高温で加熱すると、急激に収縮して中の水分やうま味を出してしまいます。低めの温度でゆっくりと加熱していくことで、たんぱく質の収縮が抑えられ、水分が中に保たれて、うま味を閉じ込めることができます。魚や肉などの場合、70℃位で煮続けると、身がかたくなりすぎることなく、おいしく煮えます。

味の面でも、日本酒はうま味のかたまりですので、煮詰めることでさらにおいしくなります。また、魚のにおいを抑える効果もあります。ただし、魚のにおいを消すのに最も大事なことは、霜降りをして、丁寧にぬめりを取り除くことです。表面のたんぱく質を固めるために行うので、あまり長いことゆでる必要はありません。

口の中で
ふんわりとほぐれる

エビととうもろこしのしんじょ椀

材料（4人分）

・むきエビ…120g ・とうもろこし（粒）…80g ・玉子の白味…1コ分 ・かつお昆布ダシ…360ml ・塩 ・うす口しょう油 ・日本酒…小サジ1杯 ・片栗粉…大サジ1杯 ・葛粉（または片栗粉）…大サジ1杯 ・白うり、きくらげ…各適量

作り方

1 とうもろこしは、ひと粒が半分になる程度に庖丁で粗く刻み、ボールに入れます。葛粉をまぶして混ぜます。

2 別のボールに背ワタを取ったエビを入れ、玉子の白味と片栗粉を加えてよく揉みます。流水で洗い、キッチンペーパーで1尾ずつ水気をよく拭き取ります。

3 エビは1尾を3等分に切って、フードプロセッサーにかけて粗くつぶし、ボールに入れます。1と塩2つまみを加えて手で混ぜて全体をなじませます。4等分にして団子状に丸めて、クッキングシートをしいたバットにのせ、蒸し器で8～10分、弱火で蒸します。

4 すまし汁を作ります。鍋にダシを沸かし、味をみてから塩1つまみを入れ、さらに味をみて足りなければ塩を加えます。うす口しょう油2～3滴を垂らして香りをつけ、日本酒を加えて仕上げます。

5 蒸し上がった3をお椀に入れ、あれば、種を取ってうす切りにしてゆでた白うりと、水でもどしてさっとゆでたきくらげを添えて、すまし汁を張ります。

お吸いものは、塩で味を決めます

「エビととうもろこしのしんじょ椀」は、わたしの店「かんだ」でも夏にお出しする人気のお椀です。エビのぷりぷりとした食感と、とうもろこしのシャキシャキとした食感を出すために、具をつぶしすぎないようにします。とうもろこしの代わりに、そら豆、グリンピースなどの豆類もおすすめです。

お吸いものの味つけのコツは、まず最初に、塩を入れていないダシの味をみること。それから塩を1つまみ入れて味をみると、「これくらいの塩でこの味だな」という塩梅がわかります。あとで入れるしょう油と日本酒は香りづけだと考えて、塩だけで味を決めましょう。お吸いものは、ほのかな淡い味わいを楽しむもの。いただくときは、お椀を両手で持って、集中し、食べ物に心を寄せながら、味を探してほしいのです。

おそれいりますが
切手を
貼ってください

169-0074

東京都新宿区北新宿1-35-20
暮しの手帖社 行

書 名	神田裕行のおそうざい十二カ月
ご住所 〒 −	
電話 − −	
お名前	年齢 歳 性別 女 ／ 男
メールアドレス	ご職業

アンケートにご協力ください

本書をどちらで購入されましたか。

・書店（　　　　　　　　　　　　　　　　　　　　　　　　　　　）

・インターネット書店（　　　　　　　　　　　　　　　　　　　　）

・その他（　　　　　　　　　　　　　　　　　　　　　　　　　　）

本書の感想をお聞かせください。
（小社出版物などで紹介させていただく場合がございます）

雑誌『暮しの手帖』はお読みになっていますか。

・いつも読んでいる　・ときどき読む　・読んでいない

今後、読んでみたいテーマは何ですか。

ご協力ありがとうございました。
アンケートにお答えいただいた個人情報は、厳重に管理し、小社からのお知らせやお問い合わせの際のご連絡等の目的以外には一切使用いたしません。

ほのかな甘味と香り、ツルッとしたのどごし

エビダシつゆのそうめん

材料（2人分）

- そうめん…2束
- あさつき、すだち…各適量

エビダシつゆ

- 干しエビ…12g
- 水…カップ$2\frac{1}{4}$杯
- みりん…カップ$\frac{1}{4}$杯
- うす口しょう油…カップ$\frac{1}{4}$杯

作り方

1　つゆを作ります。鍋に干しエビと水を入れ、常温で3〜4時間おきます。鍋を強火にかけ、沸騰したらアクを取り、

ザルで漉します。ボールに干しエビダシカップ2杯、みりん、うす口しょう油を入れて混ぜ、ボールごと氷水につけて冷まします。

2　大きめの鍋に湯をたっぷりと沸かし、そうめんを入れます。菜箸でかき混ぜながら強火で1分ゆでたら、ザルに上げて、流水で軽く洗って粗熱を取ります。氷水に入れて手で軽く揉み、ザルに上げて手早く水気をきります。

◎そうめんは、コシが生命。三年程寝かせた種類のものがおすすめです。そうめんは細いために、湯に入れると状態が変わりやすいので、火にかける時間は1分を守ってください。冷たい氷水の中で揉むとコシが出ます。

3　冷やした器に、そうめんとつゆを入れ、刻んだあさつきを散らし、すだちをしぼっていただきます。

◎すだちをしぼると味が引きしまります。好みでみょうがを添えてもよいでしょう。

食感、温度、小さな心遣いを大切に

夏は、食欲が落ちる時季です。ツルッとした食感がおいしいそうめんをいただくときには、器を冷やしておく心遣いを忘れずに。小さなひと手間ですが、この冷たさで、疲れも吹き飛び、熱くなった身体を癒してくれます。ただし、冷たいものばかり食べていては身体が冷えてしまいます。ゆでたての温かい枝豆や、しょうがなどを一緒にいただきましょう。しょうがは涼味がありますが、冷えを防ぐことができるおすすめの食材です。冷奴におろししょうがを添えたりして、積極的に料理に取り入れましょう。

エビダシつゆは、もずくにかけたり、そうめんの代わりに絹ごし豆腐を入れて、スプーンですくって食べてもおいしいものです。また、このエビダシつゆで炊き込みご飯を炊くのもおすすめです。

ネバネバした食感が
あとを引くおいしさ

もずく雑炊

材料（1人分）
・もずく…120g
・細ねぎ…2本
・ご飯…100g
・しょうが（すりおろし）…1つまみ
・塩…1つまみ
・かつお昆布ダシ…カップ1 1/2杯
・みりん…大サジ1/2杯
・しょう油…大サジ1/2杯
・ポン酢

作り方
1　もずくは流水でさっと洗って水気をきり、長さ5cm位に切ります。細ねぎは小口切りにします。
◎塩蔵もずくの場合は、ボールに入れて2〜3回水を替えて洗います。塩気が強いようなら、30分程水に浸けて塩抜きをします。
2　鍋にダシを中火で沸かします。塩、みりん、しょう油を加えて混ぜ、ご飯を加えてほぐします。
3　再び沸いたら、もずくを入れてさっと煮て火を止めます。しょうがを加えて混ぜます。
4　器によそい、細ねぎを散らし、お好みでポン酢を垂らしていただきます。

温かいものをいただいて食欲を取り戻しましょう

「もずく雑炊」は、薬味のしょうがと細ねぎを効かせた淡い味つけで、するすると食べられます。かの美食家・北大路魯山人が自身の店である星岡茶寮《ほしがおかさりょう》で出していたメニューをヒントにして作りました。

あつあつの雑炊をわざわざ夏にいただくのか……と思われるかもしれませんが、暑いときに温かいものを食べると、汗をかいて、そのあとに訪れる清涼感が心地よいものです。暑いからといって冷たいものばかり食べていると、胃腸が弱ってしまいます。温かいおそうざいや汁もの、香辛料を効かせた料理をいただいて、暑い夏をのりきりましょう。

夏バテをしてしまったり、疲れて食欲が落ちてしまったりしたときにも、温かくおいしい雑炊やおかゆなら、口にしやすく感じることと思います。

イワシのつみれ汁（作り方104～105頁）

アジの押しずし（作り方106～107頁）

香味野菜がたっぷりの
柔らかいつみれ

イワシのつみれ汁

材料（2人分）

- イワシ…大4尾（600g）
- やまいも…正味15g
- 玉ねぎ…30g　・しょうが…10g
- みょうが…1コ　・青じそ…10枚
- 玉子の黄味…1コ分
- かつお昆布ダシ…カップ$2\frac{1}{4}$杯
- 赤みそ…30g　・塩…1つまみ

作り方

1　イワシの頭を庖丁で落とし、腹を割いて内臓を取り、水で洗ってキッチンペーパーで拭きます。親指を尾の方の中骨と身の間に入れ、頭に向かって動かして手開きにし、骨を取ります（a）。庖丁で腹骨、尾、背ビレを切り取り、身を幅1cmに切ります（b）。

2　しょうが、みょうがは細かいみじん切りに、青じそは細切りにします。玉ねぎは細かいみじん切りにして塩を振り、全体になじませてから、手でしぼって水気をきります。

3　イワシをすり鉢に入れ、すりこ木で時々つぶしながらすります。ある程度つぶれたら、やまいもを同じすり鉢ですって加えます（a）。玉子の黄味も加えて、粘りが出るまでよくすります。玉ねぎ、しょうが、青じそを加え（b）、ゴムベラで全体をよく混ぜます。

4　鍋にダシを入れて中火にかけます。3の適量を左手に取って握り、親指と人さし指の輪の間から押し出します（a）。右手に持ったスプーンですくい、沸いている鍋に落とします。すべて入れたら弱火にし、3～5分煮ます。みそを溶き入れて火を止め（b）、みょうがを加えます。

暑い夏、じょうずに栄養をとりましょう

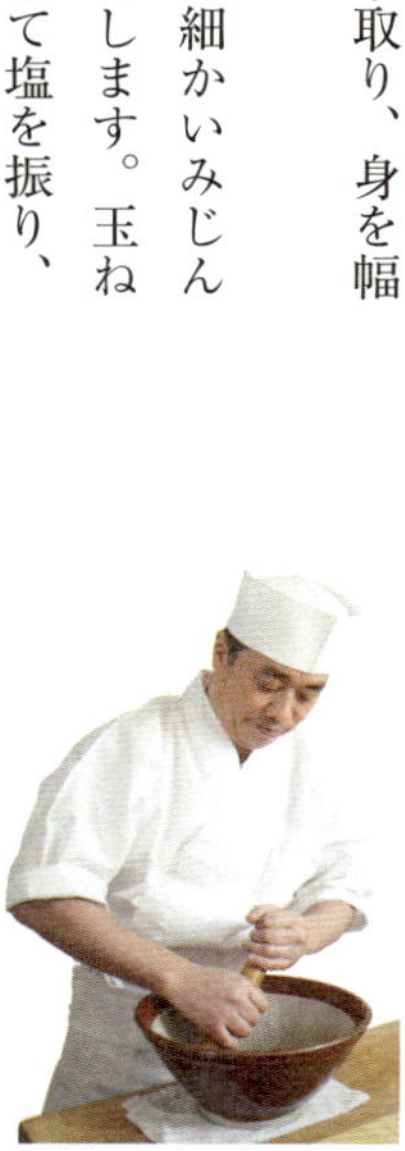

「イワシのつみれ汁」のイワシは、海面近くを泳いでいる背の青い魚です。なぜ背が青いかというと、空を飛ぶ鳥に狙われないように海の色と同化しているからです。反対に腹側が白いのは、海の深いところにいる大きな魚から狙われないように、海面を見上げたときの色に同化しているから。背も腹も保護色です。イワシやアジ、サバなどの青魚は、身が少し赤っぽくて柔らかいという特徴があります。運動量が多く、海面近くで水圧がかかっていないからでしょう。イワシは、疲労回復、食欲増進効果のあるビタミンB2を豊富に含んでいます。さばくのが大変だと

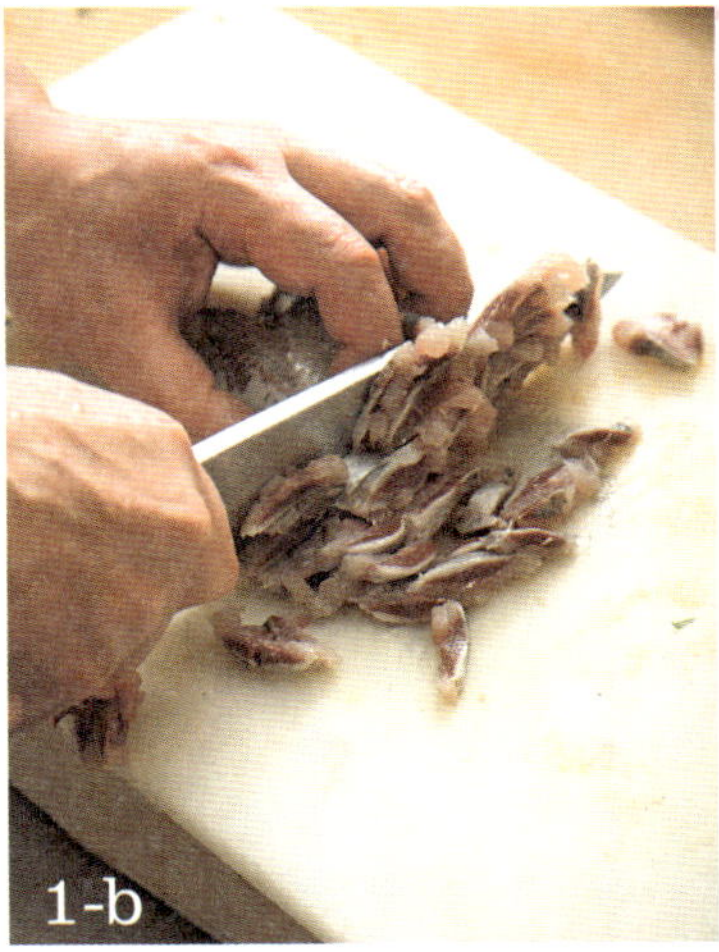

思われそうですが、手開きにすれば案外ラクに骨を取ることができます。少々小骨が残っても、すりつぶしてつみれにするので大丈夫。骨ごといただけば、カルシウムもより多くとれます。つみれには玉ねぎ、しょうが、青じそをたっぷり加えました。香味野菜のほどよい辛味や香りに食欲が増進します。すりおろしたやまいものふんわりとした弾力と、香味野菜のシャキシャキとした食感をお楽しみください。

　汁を赤みそで仕立てたのには、理由があります。懐石料理では、夏は酸味の強い赤みそ、冬は甘味のある白みそを使います。一月は白のみで、八月は赤のみ。その他の月は「ふくさみそ」と言って、白みそと赤みその2種類を合わせて使うのです。二月は赤みそを1割、三月は2割……というふうに、季節に合わせて身体が求める味つけにする昔ながらの知恵です。夏は酸味と辛味をじょうずに取り入れてみてください。

薬味が味と食感のアクセント
アジの押しずし

材料（内寸14×5.5×高さ5cmのバッテラ型1台分）
- アジ…小1尾
- 青じそ…2枚
- もろきゅうり…1本
- すだち（市販のすだち酢でも）
- ご飯…150g
- 塩…小サジ1/4杯
- 純米酢…大サジ1杯弱
- 粗塩…3g　・三温糖…7.5g
- 炒りごま…小サジ1杯
- 木の芽、バッテラ昆布…適量

作り方

1　アジは三枚におろして腹骨と小骨を取り、皮を引きます（a、b、c）。バットに並べ、塩を全面に振って冷蔵庫で1時間おき、すだちのしぼり汁をヒタヒタになるまで入れ、10分程浸けます。

2　ボールに純米酢、粗塩、三温糖を入れ、泡立て器で混ぜて溶かします。バットなどに温かいご飯を広げ、合わせ酢、炒りごま、すだちのしぼり汁小サジ1杯を加え、しゃもじでご飯全体を切るように混ぜて冷まします。

3　バッテラ型に、アジが均等な厚さになるように並べます（a）。その上に、すし飯の半量を平らにしき詰め（b）、幅1cmに切った青じそ、細かく深い切り込みを入れてじゃばらにしたきゅうりを中央に置きます（c）。上から残りのすし飯をしき、フタをして力が均等にかかるように押します。型からすしを出し、木の芽とバッテラ昆布1枚を上にのせ、食べやすい大きさに切り、すだち1コをしぼっていただきます。

柑橘の酸味を生かし、キレ味をよくします

わたしは料理の仕上げに、よくすだちをしぼりかけます。味が物足りないときに、味の濃いしょう油や塩を足すのではなく、すだちで仕上げるほうが、塩分が抑えられますし、素材の味が素直に味わえるからです。ぼんやりとした味の料理に、酸味のキレ味を足して輪郭を出す、というイメージです。

わたしは子どもの頃、徳島名産の竹ちくわに、すだちをたっぷりとかけて食べていました。意外に思われるかもしれませんが、さっぱりとして、とてもおいしいのです。そもそも、練りものには塩も甘味も入っているので、それで充分なのです。しかし、それでは頼りない気がして、しょう油をつけてしまいがちです。元から味がついているものに調味料をつけていただくことが、毎日の食事の中で意外と多いのです。そうす

ると、食べるときに、調味料の味ばかりが残って素材の味がわからなくなってしまいます。

　酸味と言っても、穀物酢と柑橘の果汁ではまったく別物です。穀物酢は、発酵させて作るのでうま味があります。しかし、さっぱりしたものを食べるときは、うま味が邪魔をする場合があります。柑橘の果汁は、うま味はありませんが、適度に果実の風味と香りがあり、さわやかです。「アジの押しずし」にはすだちをしぼりかけますが、冬場だったら柚子が合いますし、ほかにも真冬のナマコにはダイダイが合います。ご家庭でも、季節の柑橘の酸味を使ってみることをおすすめします。

　バッテラ昆布は、すしの乾燥を防ぎ、持ちをよくします。鍋に水4：酢1：砂糖1の割合で甘酢を作り、白板昆布を入れて、弱火で20分程コトコト炊きます。大根をうす切りにして甘酢に30分漬けても代わりになります。

香ばしいタレが食欲をそそる

イワシの蒲焼き丼

材料（1人分）

・イワシ…2尾　・片栗粉
・オリーブ油　・ご飯
・三杯酢（米酢、うす口しょう油、みりん…各小サジ1杯）
・クレソン（ざく切り）、海苔…各適量

タレ（出来上がり約120ml）

・日本酒、みりん、砂糖…各大サジ2杯　・しょう油、たまりじょう油…各大サジ$1\frac{1}{2}$杯

作り方

1　タレを作ります（23頁）。

2　イワシの頭を庖丁で落とし、腹に切り目を入れて内臓を取り、水で洗ってキッチンペーパーで拭き、腹から尾に向けて手開きにします。

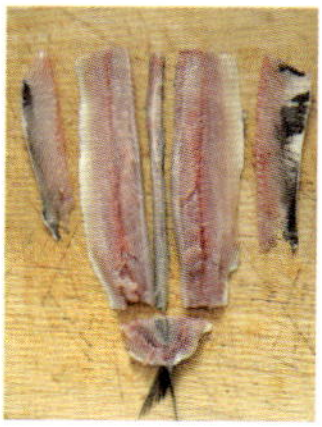

親指を尾の方の中骨にあてて頭に向かって動かし、骨を取ります。庖丁で腹骨、尾、背のヒレを切り取り、身を2枚に切ります。

3　フライパンを強火にかけ、オリーブ油少々を入れます。イワシに軽く片栗粉をはたき、皮を下にしてフライパンに置きます。途中で出てきた油はくさみがあるので、キッチンペーパーでこまめに拭き取ります。焼き目がついたら返し、両面とも香ばしく焼けたら火を止めます。1～2分して粗熱が取れたら、イワシにタレ大サジ2杯をかけ、フライパンを揺すってからめます。こうするとタレが焦げません。

4　器にご飯を盛り、その上にイワシをのせ、周りに三杯酢で和えたクレソンとちぎった海苔適量をのせます。

蒲焼き、照り焼きには、コツがあります

蒲焼きや照り焼きは、焼いた魚や肉に濃いめのタレをからませる料理としてよく知られています。ところがその焼き方、タレのからませ方については誤解している人が多いのです。みなさん、魚や肉を焼いて火が通ったら、火を止めず表面が白っぽいままタレをかけて、ジャーッと周りについたタレを焦がすように焼いていませんか。これだと、身から生ぐさみが出て、タレもベタベタして、おいしくありません。

蒲焼きや照り焼きは、タレを焦がしてからませるのではなく、魚や肉につけた焼き目にタレをしみ込ませるのです。そのため、肉や魚の表面は、両面ともしっかり焼き目がつくまで香ばしく焼き上げます。火を止めてタレをかけ、ジュッとしみ込ませたら、もう焦がしません。蒲焼き、照り焼きのおいしさの秘訣です。

トマトと牛肉の相性が
新鮮なおいしさ

トマト牛丼

材料（2人分）

・牛ロースうす切り肉…160g
・トマト（あればフルーツトマト）…100g
・三つ葉の葉…適量
・ご飯

割り下（出来上がり約90mℓ）

・みりん…大サジ4杯
・日本酒…大サジ1杯
・しょう油…大サジ1 1/2杯

作り方

1　割り下を作ります。鍋にみりんと日本酒を入れて中火にかけ、ひと煮立ちさせてアルコールをとばします。火から下ろし、冷めたらしょう油を加えて混ぜます。

2　トマトは厚さ5mmの輪切りにします。

◎一般的な牛丼では肉を小さく切りますが、このレシピでは肉は切らずに使います。同じ肉でも、小さく切るより、大振りのまま調理したほうが、食べごたえがあり贅沢な印象になります。

3　フライパンにトマトと割り下90mℓを入れ、中火にかけます。沸いたらトマトを裏返し、両面に火が通ったら、牛肉を1枚ずつ広げながら入れます。時々菜箸で返しながら、牛肉に照りが出るまでじっくりと煮詰めます。

4　丼にご飯をよそい、3をのせ、三つ葉をのせていただきます。

定番料理を現代風にアレンジしてみましょう

味の好みは時代によって変わっていきます。昔から定番のおそうざいを、現代の嗜好に合わせて、味つけのバランスを考え直してみました。

例えば牛丼。昔の日本人は甘めの味つけが好きだったので、玉ねぎ入りの甘い牛丼が定番でしたが、現代では少し甘すぎるのではないかと思います。

そこで今回は、玉ねぎの代わりにトマトを加えました。意外な組み合わせだと思われるかもしれませんが、トマトの持つ酸味と、グルタミン酸のうま味が、肉の脂っぽさを抑え、キリッとした味わいにします。トマトの持つグルタミン酸は、肉や魚に含まれるイノシン酸のうま味とよく合うので、かつおダシのみそ汁や、すき焼きの具にもよく合います。新鮮な感覚のおいしさが発見できるでしょう。

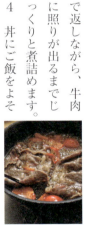

家庭料理こそ、贅沢

町場には、趣向を凝らした料理がいただける店や、できあいのおかずが買える店がたくさんあって、家庭で料理をしなくても、昔ほど困ることはなくなっているのかもしれません。忙しい現代の人にとっては、いつでも手軽においしいものが食べられて助かる、というのも本音でしょう。わたしは、それを否定しようとは思いません。ハレの日の外食の楽しさも、家族の大切な思い出になります。できあいのものをいただくのも、家族が揃って食卓を囲むための工夫のひとつだと思います。ただ、少し危惧しているのは、外食や中食の料理の過剰なうま味に、舌が慣れすぎてしまうことです。

わたしたちの舌は、甘味、酸味、塩味、苦味、辛味、そしてうま味を感じ取ることができます。その感覚は子どもの頃が一番敏感で、食事を口にする度に慣れていき、年を重ねると衰えていきます。子どもの頃に味が濃いものばかり食べていると、うす味では満足できなくなるのはこのためです。

今、町場で流行っている料理は、どれも味つけが過剰なように思います。誰が食べても満足できるように、冷めてもおいしいと感じられるように、うま味を添加したり、濃い味つけにしたりすることが多いのです。もしこの味に舌が慣れてしまうと、わたしたちは、ほんとうのおいしさを感じ取れなくなってしまいます。せっかく四季折々に豊かな旬の素材をいただいても、そのほのかな苦味や甘味が感じ取れないのは、なんて残念なことでしょう。

ですから、家庭料理は適度なうま味、淡い味つけに仕上げることが大切ですし、それこそが贅沢です。まっさらな子どもの舌を、家庭料理の味で育ててほしいなと思います。

秋のおそうざい

秋は生命を繋ぐ種や実に、
栄養が蓄えられる季節。
炊きたてのご飯によく合う、
ほっとする味つけの
おそうざいを作りましょう。

うま味の詰まった
スープがおいしい

松茸とエビとホタテの片口蒸し

材料（2人分）

・むきエビ…8尾
・ホタテ（貝柱）…2コ
・松茸…1本
◎松茸は国産が手に入らなければ、メキシコ産が香り高くおすすめです。
・三つ葉の茎…6本　・すだち…適量
・塩　・かつお昆布ダシ…カップ1$\frac{1}{2}$杯
・うす口しょう油…2〜3滴

作り方

1　むきエビは、庖丁で背中に切れ目を入れて、背ワタを取ります。水で洗って、キッチンペーパーに包んで水気を拭きます。ホタテは庖丁で半分の厚さに切り、軽く塩を振ります。
◎ホタテに軽く塩を振ることで、味がはっきりとします。
2　松茸は、表面についている土を乾いたフキンなどで落とし、タテにうす切りにします。三つ葉は長さ5cmに切ります。すだちはうすい輪切りにします。
3　ボールにダシ、塩2つまみ、うす口しょう油を入れてよく混ぜます。
4　片口にエビ、ホタテ、松茸、3を入れます。ボールに張った水に懐紙を浸して、片口の上にぴったりと被せ、懐紙の余った部分を片口の側面に貼りつけます。

5　蒸気の上がった蒸し器に4を入れ、強火で10分蒸します。
6　食べる直前に懐紙を外し、三つ葉とすだちを入れます。お猪口などに注いでいただきます。

ダシのうま味と香りを楽しみましょう

松茸の土瓶蒸しは滋味豊かな味と香りで秋の訪れを感じるごちそうです。具材はハモが一般的ですが、ご家庭でも簡単に作れるよう、エビとホタテを使いました。松茸はもちろん、エビやホタテからもダシが出ます。白身魚や鶏肉に代えたり、きのこ類を増やしてもよいでしょう。土瓶がなくても、耐熱の器があればできます。今回は片口を使い、「片口蒸し」としました。フタの代わりに懐紙をぬらして器に被せ、ぴったりと貼りつけて、そのまま蒸します。懐紙を貼ったまま卓上に出し、いただく直前に懐紙を開ければ、ふんわりと湯気と香りが立ち上ります。

牛肉に割り下の甘味を
たっぷりしみ込ませて

牛肉ときのこのすき焼き

材料（4人分）

- 牛ロースうす切り肉…300g
- 椎茸…8枚　・しめじ…1パック
- 舞茸…1パック
- エリンギ…2本
- せり…1束
- 車麩…2コ
- 玉子…2コ

割り下（出来上がり約630ml）

- 日本酒…カップ1杯
- みりん…カップ$1\frac{3}{4}$杯
- しょう油…カップ$\frac{3}{4}$杯

作り方

1　割り下を作ります（22頁）。

2　車麩は水に20分程浸けてもどし、水気をしぼって、6等分に切ります。椎茸は石突きを落とし、表面に細かい格子に隠し庖丁を入れます。エリンギはタテにうす切りにします。しめじと舞茸は、石突きを取り、小房にほぐします。せりは長さ5cmに切ります。

ボールに玉子を入れ、ハンドミキサー（または泡立て器）でふんわりと泡立てます。

3　鍋に1〜2cmの高さまで割り下を注いで、きのこ類、車麩を入れ、中火にかけます。沸いたら牛肉を1枚ずつ広げながら入れます。炒りつけるようにしっかり味を含ませ、火を止めてせりをのせます。泡立てた玉子につけていただきます。

◎夏は、きのこの代わりにトマトを入れてもよく合います。また、鶏肉、ごぼう、香菜の組み合わせもおいしいものです。

鍋ものは、作る過程も楽しめるメニューです

フランスで料理長をしていた頃、現地の家庭で夕飯をごちそうになって驚いたのは、作る人と食べる人の境があいまいなことです。客人がサラダの野菜を切るのは当たり前で、いっせいにそれを食べ、のんびりとおしゃべりを楽しみます。しばらくすると、主人がオーブンから鶏の丸焼きを出してきて、テーブルの上で切り分けます。下ごしらえをしておいて、焼いている間におしゃべりしていたんですね。目の前で切り分けられると、座が盛り上がります。

毎日の献立にも、台所で盛りつけた完成品を出すばかりではなく、みんなの前で取り分けたり、食卓で完成する料理を加えてみてはどうでしょう。すき焼きなどの鍋ものは、作る過程を目で楽しみながら、みんなができたてを食べ、ゆっくりと会話を楽しめると思います。

カレー粉とごま油が隠し味

鶏手羽の唐揚げ

材料（4人分）

・鶏手羽先…650g

◎鶏肉は他の部位でも結構です。その際は正味で500gにしましょう。

・片栗粉…大サジ5杯

・揚げ油

・レタス…100g

・マヨネーズ…25g

・三杯酢（うす口しょう油、純米酢、みりん…各小サジ$\frac{1}{4}$杯）

調味液

・玉子…1コ

・カレー粉…小サジ2杯

・しょう油…小サジ1$\frac{1}{3}$杯

・塩…小サジ$\frac{1}{2}$杯

・ごま油…小サジ$\frac{1}{2}$杯

作り方

1　鶏手羽は関節から庖丁を入れて、手羽先と手羽中に分け、手羽中のみ使います。ボールに手羽中と調味液の材料を順に入れ、そのつどよく揉みます。20分程おいて、下味をつけます。ここに片栗粉を加え、粘りが出るまで混ぜ合わせます。

2　鍋に揚げ油を入れて、180℃に熱し、1を入れます。

3　時々返しながら3分程揚げ、キッチンペーパーをしいたバットの上に取り出します。そのまま3分程おき、もう一度180℃の揚げ油に戻して、3分程揚げ、取り出します。

4　器に、食べやすく切ったレタスを盛り、三杯酢とマヨネーズをよく混ぜてから上にかけ、唐揚げを盛ります。

二度揚げで外はカラリ、中はジューシーに

「鶏手羽の唐揚げ」のポイントは、片栗粉と玉子を混ぜ合わせた衣です。小麦粉を使わないので、サックリと揚がります。

また、肉にごま油をまとわせることで、熱伝導がよくなり、肉の内部に火が通りやすくなります。肉は、鍋に一度にたくさん入れると油の温度が下がるので、少しずつ加えましょう。一回揚げてからバットの上に取り出し、そのまま3分程おくことで、余熱で内部まで火が通っていきます。そして二度揚げをすることで、長時間揚げ続けることによる肉のパサつきを防ぎながら、中はジューシーに、外はカラリと揚げることができます。

つけ合わせのレタスには、三杯酢を加えて酸味を効かせたマヨネーズがよく合います。

秋鮭のみそ漬け焼き（作り方122頁）

春菊と椎茸のおひたし（作り方123頁）

みその風味を加えて、
鮭をごちそうに

秋鮭のみそ漬け焼き

材料（2人分）

・鮭（切り身）…2切れ（150g）
・塩…1.5g（鮭の重さの1%）
・夏みかん（または柚子、レモンなど）の皮…適量

みそ漬けペースト（作りやすい分量）

・酒かす…350g
・水…カップ1/4杯
・日本酒…カップ1/4杯
・西京みそ…105g
・白粒みそ…310g

作り方

1　みそ漬けペーストを作ります。酒かす、水、日本酒をフードプロセッサーにかけてなめらかにします。鍋に移し中火にかけ、木ベラで練ります。アルコールがとんで酒くささが消えたら、みそを加えて混ぜ、火を止めて冷まし、バットに入れます。

2　塩を鮭の両面に振って、1時間程おき、出た水気をキッチンペーパーで拭き取ります。みそ漬けペーストの中に鮭を入れ、ラップをぴったりと被せ、冷蔵庫で二晩おきます。

3　鮭についたペーストをこそげ、表面に少し残る位まで落として、アミ（またはグリル）にのせます。弱火で上下を返しながら、魚の中の水分と油分を出し、焼き目が少しつくまで焼きます（または、クッキングシートで鮭を挟み、サラダ油をうすくひいたフライパンで、弱火で焼きます）。器に盛り、夏みかんの皮を削って振ります。

時間が仕上げてくれるおいしさがあります

「いただきます」と、みんなで揃って食べ始めるために、いくつもの料理を手際よく作って一度に出すのは難しいものです。秘訣は「事前に作っておくもの」や、「時間が仕上げてくれるもの」を組み合わせて献立をそろえること。

例えば、「事前に作っておくもの」は、ポテトサラダなど。時間が経っても状態が変わらず、冷めてもおいしいものを作っておけば、焦ることなく一品出せます。

「時間が仕上げてくれるもの」は、準備さえしておけば、放っておいても勝手にできていくものや、おいしくなっていくもので、煮ものや漬けもの。この「秋鮭のみそ漬け焼き」もそんな一品です。みそ漬けペーストに漬けておき、食べる直前に焼くだけで、食卓にさっと出せます。

椎茸のうま味を
たっぷりしみ込ませます

春菊と椎茸のおひたし

材料（作りやすい分量）

- 春菊…120g
- 椎茸…大3枚（正味70g）
- 食用菊…適量
- かつお昆布ダシ…カップ$1\frac{1}{2}$杯
- うす口しょう油…大サジ$1\frac{1}{3}$杯
- みりん…大サジ$1\frac{1}{3}$杯

作り方

1　椎茸は軸を切り取り、カサの厚さを2～3等分に切ってから、タテにうす切りにします。

◎椎茸の断面積が増えるように切ると、うま味がよく出ます。

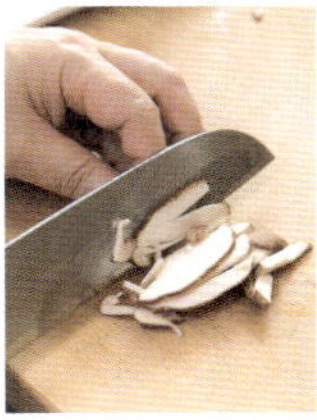

2　春菊は茎と葉に分け、長さ5cmに切ります。鍋よりも大きなボールに、氷水を用意します。

3　鍋にダシ、うす口しょう油、みりん、椎茸を入れて中火にかけます。沸いたら、春菊の茎を加えます。2～3分煮たら、葉を加えてさっと煮ます。あれば食用菊を加え、火から下ろします。

4　3を鍋ごと氷水につけ、鍋の中を菜箸でかき混ぜながら、粗熱を取ります。ボールなどに汁ごと移し、冷蔵庫で1時間程冷やします。

◎冷えると甘味が増します。

5　具の汁気をしぼらずに取り出し、器に盛ります。

きのこの香り、うま味、食感を生かしましょう

きのこは一年中出回っていますが、秋こそ旬。味や香りも増し、さらにおいしくなります。きのこの香り、うま味、栄養は、きのこの中の水分に含まれていて、煮ると煮汁に溶け出してしまいます。そこで煮汁を生かした料理にするのがおすすめです。また、きのこのうま味であるグアニル酸は、かつおぶし（イノシン酸）と昆布（グルタミン酸）からとったダシと相性がよく、合わせることでうま味が増します。

「春菊と椎茸のおひたし」では、椎茸から出る香りと、うま味の強いダシを生かしておひたしにしました。椎茸の断面積が増えるように切ることでうま味がよく出ます。

淡い味つけの料理に数種類のきのこを使うと、それぞれの特徴を感じづらくなるので、シンプルにひとつの料理に1種類を使いました。

冷やしなす（作り方126～127頁）

豚肉と野菜のさっと煮 （作り方128～129頁）

さわやかで上品な甘味の
煮汁が口の中に広がる

冷やしなす

材料（作りやすい分量）

- なす…6コ
- 干しエビ…20g
- 水…カップ4杯
- ごま油…大サジ2杯
- 柚子の皮…適量

調味液

- 三温糖…20g
- みりん…大サジ$1\frac{2}{3}$杯
- うす口しょう油…大サジ2杯
- しょう油…大サジ$1\frac{1}{3}$杯

作り方

1　干しエビダシをとります。鍋に干しエビと水を入れ、常温で3〜4時間おきます。強火にかけ、沸騰したらアクを取り、火を止めます。

2　なすはヘタを切り落とし、5㎜間隔でタテに浅く切り目を入れます。

3　なすが重ならないように並べられる位の大きさのフライパンに、ごま油をひいて弱めの中火にかけ、なすを入れます。全体に油がなじむよう、菜箸で返しながら焼きます。

4　表面が焼けて油がまわったら、1を加え、中火にします（a）。沸騰したら、調味液を加えます（b）。

5　落としブタをして、フツフツとした状態になるよう弱火〜弱めの中火にします（a）。ときどきなすを返しながら10〜15分煮て、全体に味を含ませます（b）。

6　なすに串がスッと通る位に柔らかくなったら、火を止めます。粗熱を取り、保存容器に移して冷蔵庫で冷やします。

7　なすがよく冷えたら、保存容器からなすだけを取り出し、長さを4等分に切って器に盛ります。柚子の皮を削って振りかけます。

煮ものにじょうずに味をしみ込ませましょう

「冷やしなす」は、なすに干しエビダシの煮汁をたっぷりと含ませた常備菜です。なすによく味を含ませるには、いくつかのポイントがあります。

まず、なすの表面に切り目を入れておきます。そして、煮汁をヒタヒタにして煮含めていきます。なすがまんべんなく煮汁に浸るよう、すべてのなすが並べられる位の大きさのフライパンを使いましょう。大きすぎると煮汁が足りなくなってしまいます。そして必ず、落としブタをして煮ます。煮汁が落としブタに当たって対流するため、味が均一になります。また、煮汁の蒸発を少なくす

るので、煮詰まりすぎたり焦がしたりする心配がありません。木製の落としブタは、煮汁やにおいがしみ込みやすいので、ステンレス製などがおすすめです。フライパンの直径より2㎝位小さいものを使いましょう。

煮上がったら、冷ますことで、味をより含ませることができます。煮ものは冷めるときに味がしみ込むのです。一晩おいて、冷えたなすからしみ出てくる煮汁は格別のおいしさです。冷蔵庫で2日位持ちます。

煮汁の量、鍋の大きさ、材料の並べ方、落としブタ、よく冷ますことなどは、どんな煮ものにも応用できるポイントです。油を多く使う炒めものは、作ってから時間をおくと油が酸化するため、できたてが一番おいしいものですが、煮ものは、時間をおくことでさらにおいしくなる料理です。安心して作りおきができ、「昨日より、よくしみたね」などと話しながら、味の変化を楽しめるのも、煮ものの魅力だと思います。

エリンギの歯ごたえがアクセント

豚肉と野菜のさっと煮

材料（2〜3人分）

- 豚バラうす切り肉…150g
- エリンギ…2本（100g）
- 玉ねぎ…$\frac{1}{2}$コ
- にんじん…5cm（正味50g）
- ピーマン…1コ（正味50g）

割り下（出来上がり約120mℓ）

- みりん…80mℓ
- 日本酒…大サジ$1\frac{1}{3}$杯
- しょう油…大サジ2杯

作り方

1　割り下を作ります。鍋にみりんと日本酒を入れて中火にかけ、ひと煮立ちさせてアルコールをとばします。火から下ろし、冷めたらしょう油を加えます。

2　豚肉は、幅8cmに切ってほぐします。エリンギは六つ割り（大きければ八つ割り）にし、長さ半分に切ります。玉ねぎはクシ形に切り、ほぐします。にんじんは短冊切りにします。ピーマンは種を取ってタテに細切りにし、長さ半分に切ります。

3　フライパンにピーマン以外の2の材料と、割り下カップ$\frac{1}{2}$杯を入れ（a）、中火にかけます。菜箸で混ぜながら炒め煮します（b）。

4　肉の色が変わったら（a）、ピーマンを加えて、さらに炒めます（b）。

◎じっくり炒めると、具から水分が出てきます。

5　さらに水分をとばすように炒め、具に照りが出たら、火から下ろし、器に盛ります。

きのこはさっと火を通し、食感を生かしましょう

エリンギは、きのこのなかでも特に香りが独特で強く、苦手な方もいるので、香りは抑えて弾力のある食感を生かします。「豚肉と野菜のさっと煮」は、風味の強い豚肉と一緒に煮ることで、エリンギの香りを抑えました。

きのこは短時間で火が通りますし、火を通しすぎると食感が悪くなるので、煮込まないようにしましょう。

煮込まずに、すべての素材に均一に火を通すためには、それぞれの素材の火の通りやすさに合わせて、切り方を工夫します。

比較的火が通りにくいにんじんは、うすい短冊切りにし、すぐに火が通って煮くずれしやすい玉ねぎは、大きくクシ形に切って食感を残します。火が通りすぎると色が悪くなるピーマンは、細く切って最後に加えました。

ただ、火を通しすぎてはいけないからと言って、そんなにあわてる必要はありません。中火でじっくり炒め煮にすると、野菜から水分が出てきて、甘味が増し、おいしくなるからです。そのために、エリンギは大きく割って、火の通り方を調整しているのです。

ところで、きのこを洗うべきかどうか、疑問に思っている方がいるかもしれません。一般的に売られているきのこは、そのまま調理して構いません。逆に、水で洗ってしばらくおくと、きのこの香り、うま味が落ち、傷んでしまいます。天然のきのこは、水にぬらしてかたくしぼったフキンで、カサの内側やまわりについている土や汚れをやさしく拭き取ります。特にカサの内側は水分を吸いやすいので、水に浸さないようにします。ただ、調理する直前に手早く洗って水気をきれば問題ありませんので、汚れが気になる方はそうしてみてください。

うま味豊かな、ほのかに
トロミのあるそばつゆ

しめじと鶏のそば

材料（2人分）

- 鶏もも肉…100g
- しめじ…100g
- そば…150~200g
- おろししょうが、細ねぎ…各適量
- 片栗粉…大サジ1杯
- かつお昆布ダシ…カップ3杯
- しょう油…大サジ1 1/3杯
- みりん…大サジ2杯
- うす口しょう油

作り方

1　しめじは石突きを取ってほぐします。細ねぎは小口切りにします。鶏肉は皮と脂を取り、小さめのそぎ切りにして、うす口しょう油小サジ2杯で揉みます。

◎鶏肉に下味がつき、くさみ消しにもなります。

2　鍋に、ダシ、しょう油、みりん、うす口しょう油大サジ2杯、しめじを入れて中火にかけます。沸いたら、鶏肉に片栗粉をまぶして加えます。肉に火が通り、汁にほのかにトロミがついたら、火から下ろします。

◎鶏肉に片栗粉をまぶすと、肉が柔らかく煮え、つゆにトロミがつきます。

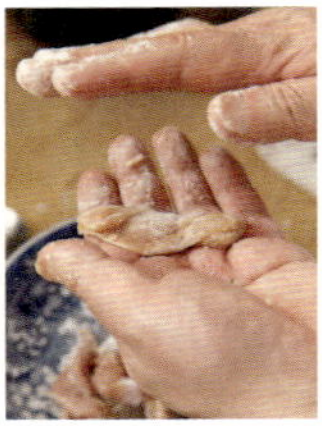

3　別の鍋に湯を沸かし、そばを好みのかたさにゆでます。

4　器に湯をきったそばを入れ、2を注ぎます。細ねぎを散らし、おろししょうがを添えます。

旬の食材とうま味を組み合わせましょう

秋は、新そばの季節。風味豊かなそばに、旬のきのこのうま味と、かつお昆布ダシのうま味、鶏肉のうま味を組み合わせたのが、「しめじと鶏のそば」です。

前にもお伝えしたように、きのこのうま味はかつお昆布ダシのうま味と相性がよく、さらに鶏肉のうま味であるイノシン酸を合わせることでうま味が増します。

しめじのうま味、香りは、煮ると煮汁に溶け出て、ダシに行き渡ります。そしてそのダシに、片栗粉をまぶした鶏肉を入れることで、トロミがつき、そばにつゆがよくからんで、おいしくいただけるのです。

鶏肉は、煮るとかたくなりやすいものですが、小さめのそぎ切りにすることと、片栗粉をまぶすことで、柔らかく仕上げました。寒くなってくる頃、身体が温まります。

香ばしく焼いたなすが主役

焼きなすのあんかけ丼

材料（2人分）

- なす…3コ
- ご飯、あさつき、海苔、おろししょうが…各適量

べっこうあん

- かつお昆布ダシ…カップ$\frac{3}{4}$杯
- みりん…大サジ2杯
- うす口しょう油…大サジ1杯
- しょう油…大サジ1杯
- 片栗粉…大サジ$1\frac{1}{2}$杯

作り方

1　なすに4カ所、庖丁でタテに浅く切り目を入れます。ボールに氷水を用意します。

2　焼きアミを中火にかけてなすをのせ、菜箸で返しながら全面を焼きます。菜箸で押さえて、中心にかたさがなくなり、表面から水が出たら火から下ろします。

3　焼いたなすを氷水に入れ、さわれる程度に冷めたら、手で皮をむきます。皮をむいたなすのヘタを取り、タテ4等分に切ります。キッチンペーパーで水気を拭き取ります。

4　べっこうあんを作ります。鍋にかつお昆布ダシを入れ、中火にかけます。沸騰したら、みりん、うす口しょう油、しょう油を加えて混ぜ、大サジ$1\frac{1}{2}$杯の水で溶いた片栗粉を加えてよく混ぜ、火を止めます。

5　丼に温かいご飯、なすの順に盛り、上からべっこうあんをかけます。刻んだあさつきとちぎった海苔を散らして、おろししょうがをのせていただきます。

べっこうあんで満足感を出しましょう

「焼きなすのあんかけ丼」は、焼きなすをメインに、かつお昆布ダシがベースの「べっこうあん」をかけた丼です。このあんは、味がしっかりしているので、野菜の甘さが引き立ち、肉や魚が入っていなくても満足感が出ます。

焼いたなすは、氷水に入れることで、焼きたての熱さが和らぎ、また、色止めにもなります。なすに入れる切り目が深いと、氷水にさらしたときに水っぽくなるので、皮がむける程度の浅い切り目を入れるようにしましょう。また、皮をむいてから水に入れると、なすに水分が入って水っぽくなるので、皮をむき始めたら、水に入れないようにしましょう。

あんかけ丼は冷めにくいので、寒い季節におすすめです。しょうがや柑橘の皮など、体を温める薬味をのせましょう。

うま味を生かす、まろやかな味つけ

マグロの漬け丼

材料（2人分）

・マグロ（ぶつ切り）…100g

◎マグロは、トロよりも赤身のほうが漬けに合います。

・ご飯…茶碗2杯

・三つ葉、海苔…各適量

・しょう油…小サジ2杯

・みりん…小サジ1/2杯

◎わたしは「生《き》じょう油」（21頁参照）と「本みりん」を使いました。本みりんは、もち米と米麹、焼酎をじっくりと熟成させたもので、おだやかな甘味とまろやかさがあります。なければ普段お使いのしょう油とみりんで結構です。

・わさび

作り方

1　マグロは、真ん中に切り目を入れて半分に開き、厚さ1cm程にそろえます。三つ葉は長さ2cmに切ります。

◎切り身が厚すぎると調味料がしみ込みにくく、うすすぎると調味料がしみ込みすぎてしまいます。

2　小さいバットにマグロを入れ、しょう油、みりんを加え、全体になじませます。そのまま5〜10分おき、味をしみ込ませます。

3　小丼にご飯を盛り、2をのせます。海苔をちぎって散らし、その上から三つ葉を散らして、お好みでわさびを添えていただきます。

◎漬けは鮮やかな赤色が美しいので、それを引き立てるために、ご飯の白い色が少しのぞくように盛りつけるとよいでしょう。

刺身をおいしく いただきましょう

日本人が大好きなマグロの刺身。鮮度がよければ、そのままましょう油をつけるだけで充分においしいものですが、パック詰めで売られている場合、切ってから時間が経っていると、うま味が抜けて水っぽくなっているものがあります。

そんなマグロを、簡単においしくいただく方法が、「漬《づ》け」です。マグロをしょう油に漬けてしばらくおくと、たんぱく質と塩分がなじんでうま味が引き出されます。また、マグロから余分な水分が出て身がしまり、プリプリとした食感になり、刺身とはまた違ったおいしさです。しょう油だけで漬けても結構ですが、塩分が気になる方は、煮切った日本酒を2割程入れ、その分しょう油を減らしてもよいでしょう。今回は、まろやかさを足すために、ほんの少し本みりんを加えました。

食べ飽きない
やさしい味わい

炊き込みご飯

材料（作りやすい分量）

- 鶏もも肉…$\frac{1}{2}$枚
- にんじん…$\frac{1}{3}$本
- しめじ…$\frac{1}{2}$パック
- えのき…$\frac{1}{2}$パック
- 油揚げ…1枚
- 米…2合
- かつお昆布ダシ…カップ2$\frac{1}{4}$杯
- みりん…大サジ2杯
- 日本酒…大サジ1杯
- うす口しょう油…大サジ1杯
- しょう油…大サジ1$\frac{1}{2}$杯

作り方

1　米をとぎ、30分浸水させます。ザルに上げて水気をよくきります。

2　鶏肉は皮を取り除き、1.5㎝角に切ります。にんじんは皮をむいて長さ5㎝の細切りにします。しめじ、えのきは石突きを取り、えのきは長さ3等分に切って、それぞれほぐします。小鍋に湯を沸かし、油揚げを湯にくぐらせて油抜きし、短辺を半分に切って細切りにします。

3　土鍋に、ダシと調味料を入れて混ぜ、米を加え、その上に具をまんべんなくのせてフタをします。弱火で3分、強火にして5分沸騰させます。中弱火で5分、弱火で5分したら、火から下ろして5分蒸らします。よく混ぜて茶碗に盛ります。

◎土鍋ではなく、炊飯器で炊いても結構です。ご飯は、底が丸くて厚い鍋で、鍋の大きさに合わせて炊くと、鍋の中で対流がうまく起きておいしく炊けます。土鍋など底が丸くて厚い鍋をお持ちでしたら、試してみてください。

炊き込みご飯は新米では作りません

「炊き込みご飯」のように、家庭料理の定番とも言える料理を作って、家族に「また作って」とよろこんでもらえたら、どんなに幸せでしょう。そのためには、これまで作り慣れたレシピがおありでも、ぜひここに紹介した材料、作り方の通りに、三度、作ってみてください。料理は、一度作っただけではうまくいかないものだからです。そして、一度失敗したからといって、あきらめるのはもったいないことです。三度作って余裕ができてきたら、家族の好みに合わせて具や味を変えてみるなど、応用がきくようになります。

　炊き込みご飯は、新米ではなく、古米で作る方がおいしく炊けます。新米はコシがなく、水分が多いため、ダシがしみにくいからです。秋口の新米が出る前が、炊き込みご飯のおいしい季節なのです。

うま味がご飯に詰まった

きのこと貝柱のおかゆ

材料（2人分）

・きのこ…合わせて100g

◎きのこは、えのき、舞茸、椎茸、しめじ、エリンギなど、お好みのもので結構です。

・干し貝柱…15g

・水…カップ$2\frac{1}{2}$杯

・冷やご飯…150g

・しょう油…大サジ1杯

・片栗粉…大サジ$1\frac{1}{2}$杯

・黒コショー

作り方

1 干し貝柱ダシをとります。ボールに干し貝柱と水を入れて、常温で一晩おきます。

2 きのこは、ほぐして、長さ3cm位に切りそろえます。

3 1の貝柱をほぐし、もどし汁ごと鍋に入れます。きのこを加えて、強火にかけます。沸騰したら、ご飯を手でほぐして加えます。フツフツしてきたら中火にします。時々お玉で混ぜながら、5分程炊きます。ダシを含んでご飯から粘りが出てきたら、しょう油を加えます。弱火にし、水大サジ1杯で溶いた片栗粉を加え、1～2分混ぜてトロミがついたら、火を止めます。

4 器によそい、お好みで黒コショーを振っていただきます。

◎きのこのグアニル酸と、貝柱のコハク酸のうま味を合わせることで、おいしさの相乗効果が生まれます。

干し貝柱のダシをじょうずに使いましょう

干し貝柱でとったダシは、グルタミン酸や、貝類に含まれるコハク酸のうま味を持ち、深いコクが味わえるのが特徴です。米や野菜と一緒に炊くとうま味を増すため、わたしはよく、冷やご飯を煮込んでシンプルなおかゆにします。

また具を入れず、干し貝柱のダシでご飯を炊いたおかゆには、塩昆布やあぶった明太子などを仕上げに入れていただくのもおすすめです。秋には、そこにきのこを合わせ、きのこのうま味と貝柱のうま味の相乗効果を味わいます。仕上げにコショーを振ると、味がしまって、甘味が感じられます。

真っ白なおかゆに薬味や漬けものをのせていただくのとはまた違った、うま味の詰まったご飯と深いコクのあるスープをぜひ味わってみてください。

おいしさは「自然の中」に

日本は、四季のはっきりした国ですから、いただく食材も季節のうつろいに合わせて変わります。

春は生命の芽吹く季節。地表に暖かな日差しが注ぐと、たらの芽、ふきのとう、竹の子……。木々の芽がぐんぐん出てきます。それらは動物に食べられてしまわないよう、苦味を持っています。料理するときは、さっと火を入れ、その苦味を生かします。

夏は葉と、なりものの季節です。青じそ、モロヘイヤ、きゅうり、トマト、かぼちゃ……。力強い太陽の日差しを浴びて実った野菜をいただきます。芽から葉、なりものへ、野菜の栄養が移動するところをいただくということです。夏は、日差しの注ぐ海面近くを泳ぐ魚が、豊富なプランクトンを食べて少しずつ脂を蓄える季節でもあります。暑い季節ですから、酸味をじょうずに使い、キレのよい後味にします。

秋は種や実の収穫の季節。ぎんなん、栗、お米もそうです。また、きのこが香り高く育ちます。ご飯が進むような甘辛いしょう油の香りや、ほっとする味の煮もの、炊き込みご飯が恋しくなります。

冬は、土の中で育つ根菜類がおいしくなります。じっくりコトコトと煮込んで、ダシがしみ出てくるような料理に心惹かれます。また、冷たい海域を泳いで育った魚が、脂を蓄えておいしくなる季節です。

こんなふうに、自然の営みにそって人間は動植物を食べてきました。旬を味わうとは、そういうことなのです。今いただいている食材が、どこでどんなふうに育ってきたのか、想像力をはたらかせながら味わうと、より楽しい食卓になるでしょう。

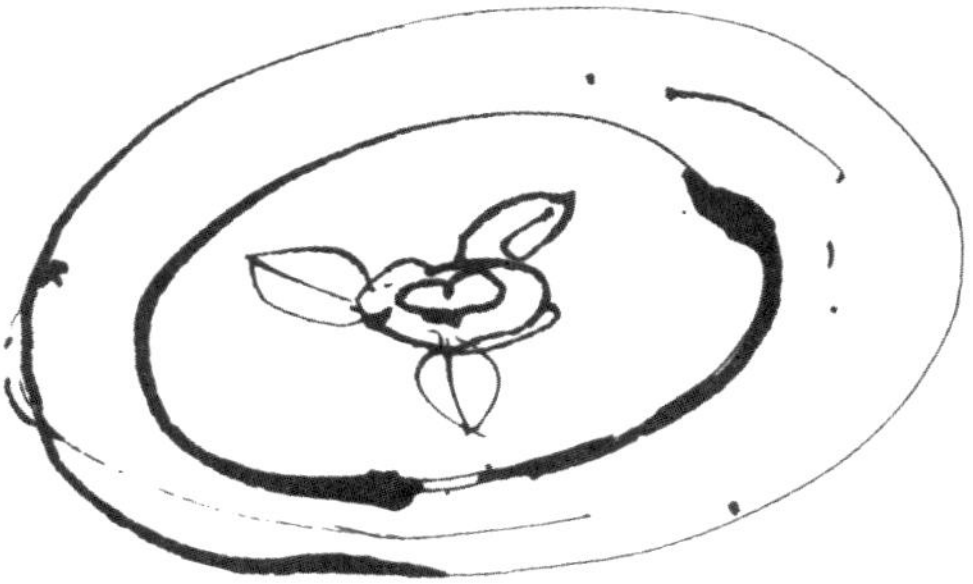

冬のおそうざい

冬は豊かな大地で
栄養を蓄えた根菜類と、
脂がのった魚の季節。
じんわり身体が温まる
おそうざいを作りましょう。

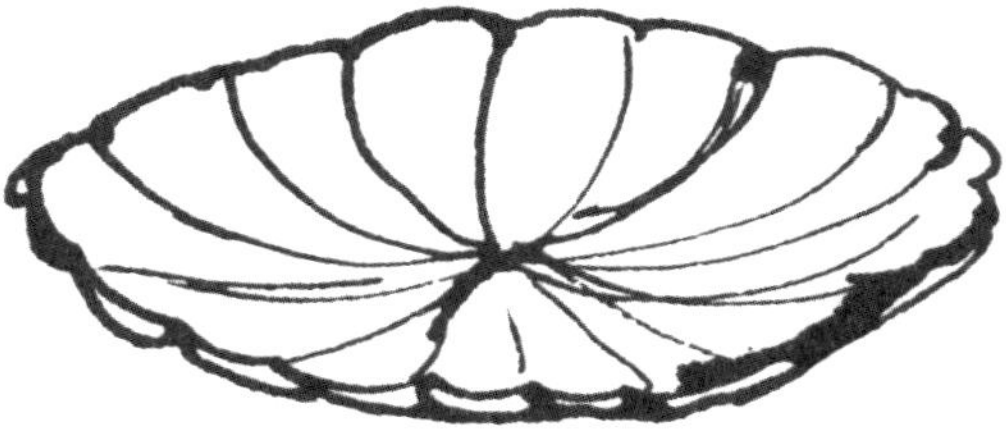

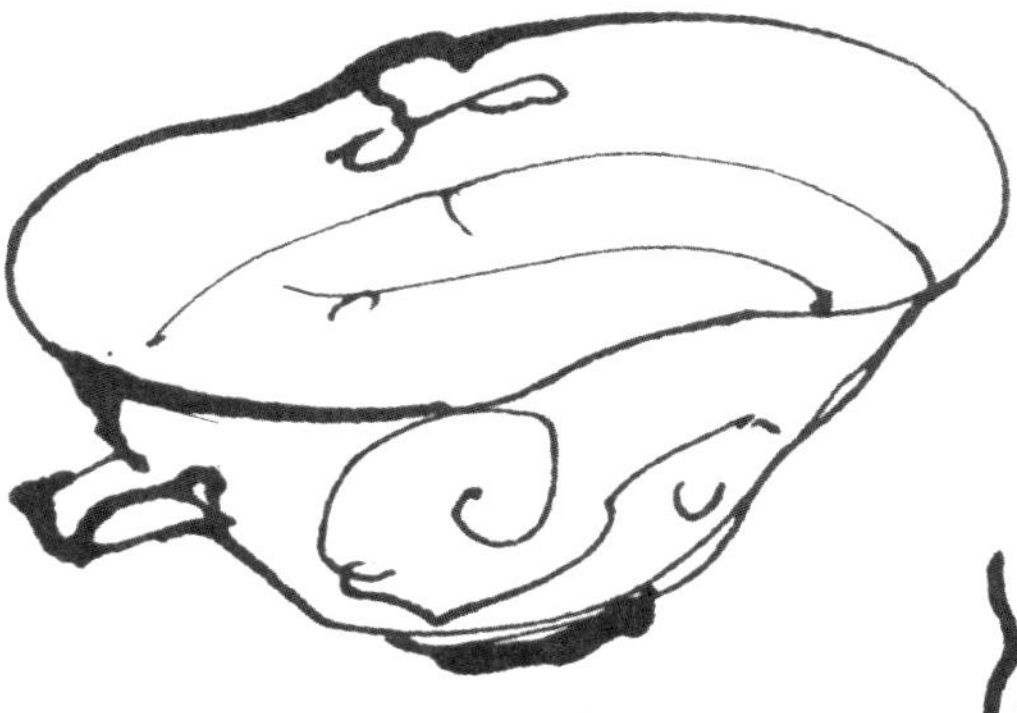

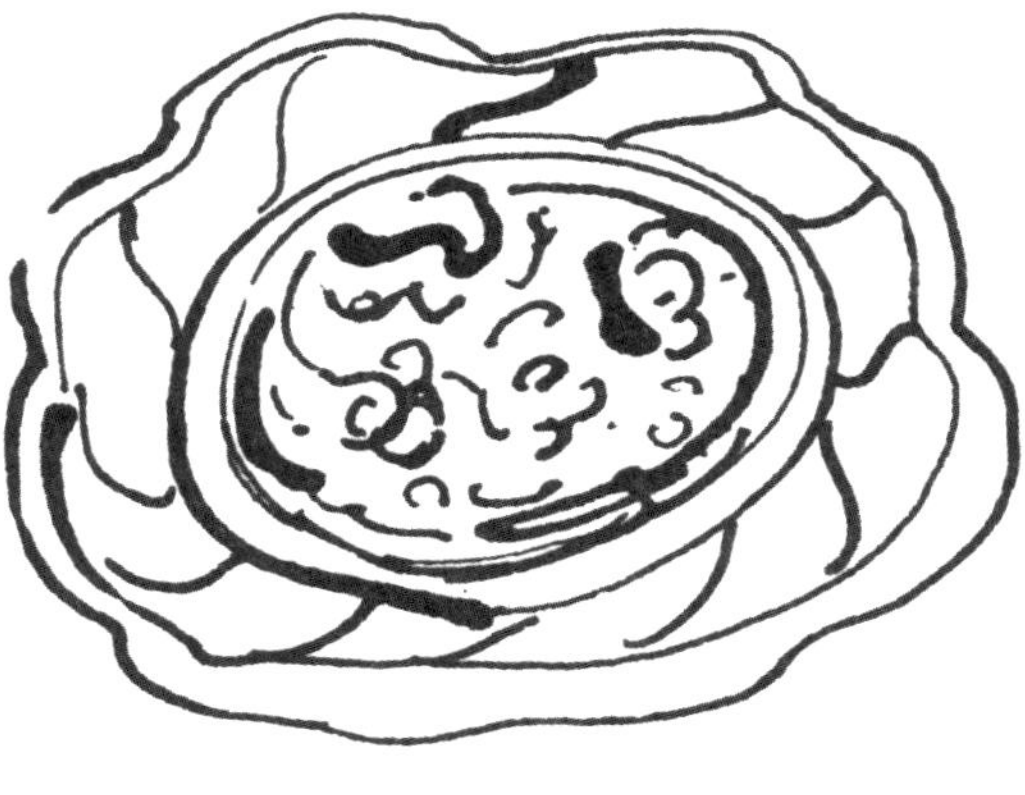

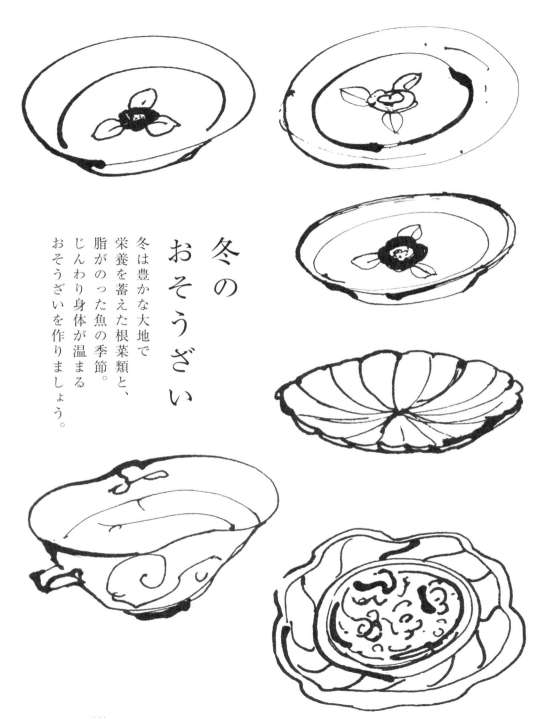

ふっくらした鯛を
煮汁と味わう

金目鯛の煮つけ

材料（2人分）
- 金目鯛（切り身）…2切れ
- 松茸（またはエリンギ）…2本
- 干し椎茸（スライス）…7.5g　・木の芽…適量
- 水…カップ1杯
- 日本酒…カップ1杯
- 砂糖…大サジ1 1/3杯
- しょう油…大サジ2/3杯
- たまりじょう油…大サジ2/3杯

作り方

1　小さなボールに干し椎茸と水を入れ、冷蔵庫で一晩おいてもどします。

2　松茸は、ぬれブキンで土を拭き取って、タテに四つ割りにして、それぞれヨコ半分に切ります。

3　金目鯛は霜降りをします。鍋に湯を沸かして切り身を入れ、表面が白くなったら、氷水に放してぬめりを取ります。

4　鍋に、1のもどし汁、日本酒、金目鯛の皮を上にして入れ、強火にかけます。

煮立ったら松茸を加えて中火にします。アルコールがとんで、鯛に火が通るまで4～5分煮てから、砂糖を加えます。砂糖が溶けたら、しょう油、たまりじょう油を加えます。鍋にアルミホイルをふんわりかけて、4分程煮ます。1の椎茸を加え、鯛を返して皮を下にして、皮に照りが出たら、火を止めます。

5　器に鯛を盛り、松茸と椎茸を添えて煮汁をかけ、あれば木の芽を添えます。

◎魚のイノシン酸に、干し椎茸などのきのこのグアニル酸を足して、うま味の相乗効果を出します。

濃い味の煮ものはさっと煮ましょう

煮ものは、うすめの味つけの煮汁を具にしみ込ませて、煮汁と具の味の一体感でいただく「うす味の煮もの」と、表面にしっかりとした味つけをして、中までは味をしみさせず、具そのものと外側の味との対比を楽しむ「濃い味の煮もの」に分けられます。「金目鯛の煮つけ」は、素材に煮汁を含ませすぎないようにさっと煮る濃い味の煮ものです。最初に干し椎茸のダシと日本酒で魚を煮て、アルコールがとんでから調味料を入れましょう。煮る前に「霜降り」をして、アクやぬめり、くさみを取ることで具に味がよりしみやすくなります。

うま味を含んだ汁までおいしい

カキのとろとろ鍋

材料（4人分）

- カキ（加熱用）…16粒
- 大根おろし…適量
- 木綿豆腐…1/2丁
- 長ねぎの白い部分…1本分
- きくらげ…4コ　・舞茸…1/2株
- かつお昆布ダシ…カップ3杯
- うす口しょう油…大サジ1 1/3杯
- みりん…大サジ1 2/3杯
- しょう油…大サジ1杯
- 片栗粉…大サジ1杯

作り方

1　きくらげは水でもどして、半分に切ります。豆腐は大きめのひと口大に切ります。ねぎは厚さ1.5cm位の斜め切りにします。舞茸は石突きを切って手で粗くほぐします。

2　カキを洗います。ボールにカキを入れて、大根おろしをまぶして揉みます。大根おろしが黒ずんできたら水で洗って、大根おろしを取り除き、キッチンペーパーで水気をよく拭き取ります。バットに片栗粉を広げ、カキを入れて、片栗粉をカキの表面にうすくまぶしつけます。

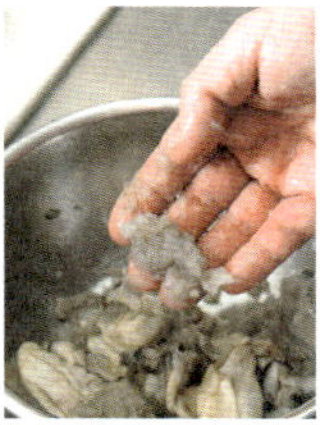

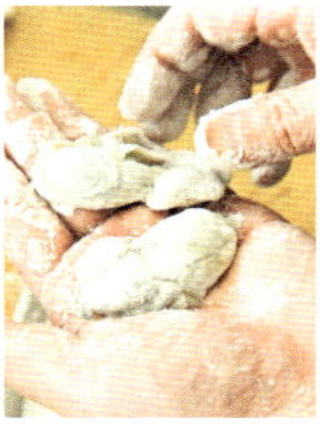

3　鍋にダシを入れて中火にかけ、ねぎ、きくらげ、舞茸を入れます。沸騰したら、うす口しょう油、みりん、しょう油を加えます。カキは余分な片栗粉をはたいてから加えます。箸で全体を軽く混ぜ、トロミがついたら豆腐を加えます。具に火が通ったら出来上がりです。

魚介をふっくらと仕上げましょう

エビ、イカ、タコ、カキなどは、火が入るとかたくなってしまいます。たんぱく質が収縮して、中に含まれている水分が外に出るからです。ふっくらと仕上げる簡単な方法は、加熱する前に片栗粉や薄力粉をつけて、表面をコーティングすること。そうしてから加熱すると、中まで火が通っても、水分があまり出ません。「カキのとろとろ鍋」のカキも、そのまま鍋に入れると身が縮んで小さくなり、食感も乏しくなるため、片栗粉をつけてから入れました。ただし、つけすぎると重たい食感になるので、余分な粉をよくはたいて、なるべくうすくつくようにします。汁には片栗粉でトロミがついて冷めにくくなるので、身体も温まります。ほうれん草や白菜を加えたり、山椒、コショー、七味唐辛子を振ってもよく合います。

甘辛い牛スジが
食欲をそそる

牛スジと大根の煮もの

材料（作りやすい分量）

- 牛スジ…600g
- 大根…$\frac{1}{2}$本
- 水…1.5ℓ
- 日本酒…カップ1$\frac{1}{2}$杯
- しょう油…カップ1$\frac{1}{4}$杯

作り方

1　大根は、皮をむいて厚さ3cmの輪切りにします。牛スジは食べやすい大きさに切ります。

2　鍋に大根、牛スジ、かぶる位の水（分量外）を入れて沸騰させます。さっとゆでたらアクを取り、ザルに上げて水気をきります。

3　底の広い鍋（あれば鉄鍋）に、大根、牛スジ、水、日本酒を入れて強火にかけます。煮立ったら弱火にしてフタをし、3時間程煮ます。

4　写真のように煮詰まってきたら、しょう油を加えて強火にします。箸で大根と肉を返しながら、肉にしょう油を炒りつけるように煮ます。水分がなくなり、照りが出たら出来上がりです。

◎煮る前にゆでて、ゆで汁をいったん捨てることを「ゆでこぼし」と言います。牛スジと大根は、最初にゆでこぼすことで、牛スジの余分な脂と、大根のアクやぬめりを取り除くことができます。また、ゆでこぼすことで、具に味がよりしみやすくなります。

◎スジ肉は安価ですが、煮込むことでおいしくなる素材です。煮込む時間はかかりますが、手間はかかりません。

日本酒の甘味を生かして煮ものを作りましょう

「牛スジと大根の煮もの」は、母が今でも作ってくれるわたしの好きなおそうざいです。「金目鯛の煮つけ（142頁）」と同じ、「濃い味の煮もの」で、味つけは、しょう油の塩分と、日本酒の甘味のみです。ここに砂糖が入ると、くどくなってしまいます。肉が柔らかくなって、しょう油で味をつけたら、さっと煮て、火を強めて煮汁をからめます。冷めると、中まで濃い味がしみすぎてしまうので、できたてのアツアツをいただきましょう。

肉を煮るときは、厚みのある鍋を使うのがおすすめです。わたしは、岩手県で作られている南部鉄器の鍋を使いました。すき焼きなどを作るときに使う、底が広い鍋です。底の面積が広いと、火を強めて煮汁を煮とばすときに、短時間でできるのでおすすめです。

ブリ大根（作り方150～151頁）

筑前煮（作り方152～153頁）

ブリ大根

日本酒で煮て、ブリを柔らかく仕上げます

材料（4人分）
- ブリのアラ…1/2尾分
- 大根…1/2本　・米…40g
- しょうが…1/4コ（うす切り）
- 日本酒…カップ2 1/2杯
- 三温糖…65g
- しょう油…65mℓ
- たまりじょう油…大サジ1 2/3杯

作り方

1　大根は厚さ2.5cmの輪切りにし、皮をむき、面取りをします。鍋に大根、米、かぶる位の水を入れ、強火にかけます。落としブタをし、沸騰したら弱火にして15~20分ゆでます。大根に竹串がスッと通り、透き通ってきたら火を止めて、そのままおきます。冷めたら取り出し、表面のぬめりを洗い流します。

◎大根は米と一緒にゆでると、アクが抜け、透明感が出ます。

2　アラを霜降りします。アラを出刃庖丁で大きめに切って、鍋に湯を沸かし、1切れずつ入れ、表面の色が変わったらすぐに取り出します（a）。ボールに用意した氷水に浸け（b）、手でウロコや血合いなどの汚れを取り（c）、フキンで水気を拭きます。

3　鍋に大根、ブリのアラ、日本酒、しょうがを入れ、強火にかけます（a）。アクを取りながら、沸いたら中火にして、時々アラに煮汁をかけながら、5分位煮ます。三温糖を加え、三温糖が溶けたら、しょう油、たまりじょう油を加えます（b）。

4　15~20分煮て、汁気が少なくなったら、火を止めて、少し時間をおいて味を含ませます。

日本酒で魚をおいしく煮ましょう

煮ものというと、ダシをとる手間が面倒だと思われるかもしれません。でも、「ブリ大根」のブリのアラのように、強いうま味を持つ食材を煮るときには、ダシを加えず、日本酒と少しの調味料だけで、おいしく仕上がります。素材から出るうま味を生かせば、必ずしもダシはいらないのです。

前にもお伝えしたように、魚を煮る日本酒自体にも、強いうま味があります。また、煮汁を理想的な温度に保ってくれる効果もあります。70~80℃で魚に火を入れて味をつけることで、魚のアラに多くあるゼラチン質が柔らかく、身もかたくなりす

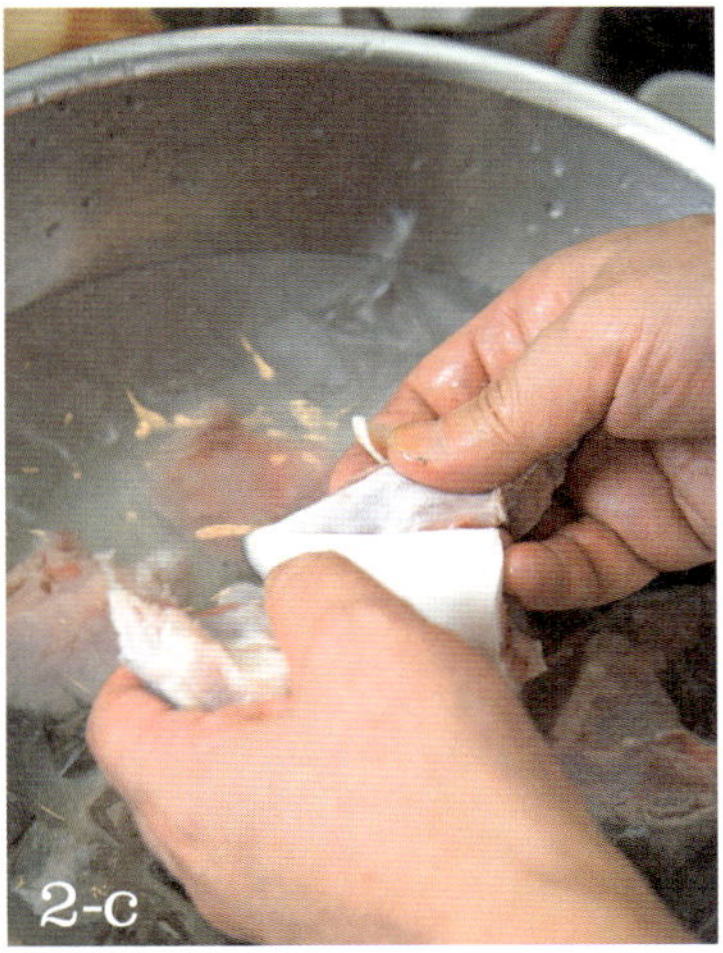

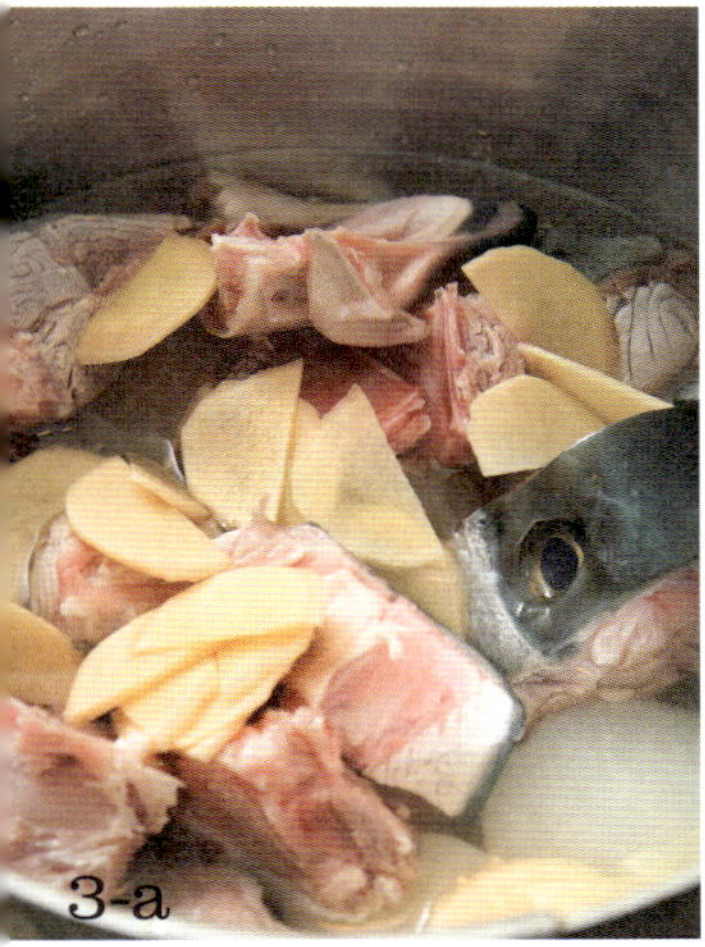

ぎないで仕上がるのです。ただし、アルコールがとんでから、調味料を入れること。そうしないと苦味が残ります。

　ブリのアラは、魚の生ぐささを消すために、ていねいに霜降りし、しょうがを加えて日本酒で煮ます。煮ている途中で火を弱めると、生ぐさくなってしまうので、中火でくつくつとした火加減を保ちましょう。

　大根は、輪切りにして皮をむき、角の部分をうすく面取りすることで、煮くずれしにくくなります。また、米と一緒に下ゆですることで、アクが抜けて透明感がでます。下ゆでは、米を入れる代わりに、米のとぎ汁でゆでても結構です。

　煮ものには、できるだけ口径が小さくて、深い鍋をおすすめします。中の液体がよく対流し、味や熱が均一に、すばやく全体にまわるからです。火を止めたあと時間をおいて、味をしみ込ませるのも、おいしさの秘訣です。

鶏肉や椎茸のうま味が
トロリとからまる

筑前煮

材料（4人分）

- 鶏もも肉…1枚
- 干し椎茸…3枚
- 白こんにゃく…100g
- れんこん、にんじん…各100g
- ごぼう…1本
- 里いも…5コ（正味180g）
- しょう油…大サジ1杯
- たまりじょう油…大サジ1杯
- 三温糖、ごま油…各大サジ2杯

作り方

1　干し椎茸を水カップ1杯で、一晩おいてもどします。もどした椎茸は4等分に切り、もどし汁は残しておきます。

2　こんにゃくはひと口大にちぎって（a）、下ゆでします。れんこんは皮をむき、厚さ2cmに切り、4等分にします。にんじんは皮をむき、タテ半分に切って乱切りにします。ごぼうは庖丁の背で皮をこそぎ、乱切りにします。里いもは皮をむいて3cm角に切ります（b）。

3　フライパンを中火にかけ、鶏肉の皮を下にして入れ、フライ返しで肉を押さえます（a）。キッチンペーパーで脂を拭き取り、皮に焼き色がついたら身は焼かずに取り出し、3cm角に切ります（b）。

4　3のフライパンを中火で熱し、ごま油を入れ、2と3を加えて、油を全体にまわすように菜箸で混ぜながら炒めます。

5　4を深めの鍋に移し、椎茸ともどし汁を加え、水カップ$1\frac{1}{2}$杯、三温糖を加えて中火で30分程煮ます。鶏肉と根菜に火が通ったら、しょう油とたまりじょう油を加えます。煮汁をとばし、鍋を揺すって全体を混ぜてから火を止め、少し時間をおいて味を含ませます。

素朴な味わいの
煮ものを作りましょう

昭和の時代に、おばあちゃんが作ってくれたような茶色い煮ものは、ご飯によく合い、ほっとするおいしさがあります。「筑前煮」も、まさにそんなひと品です。

ちょっと前でしたら、こういうおそうざいは「田舎くさい」と言われ、こぎれいですましたような煮ものが本やテレビで紹介されていました。でも今は、見た目は素朴だけど、素材それぞれの持つ味や食感が楽しめて、「やっぱりおいしいよね」というのが本音です。

今のわたしたちが家庭料理に求めるものは、見栄えのよさではなく、その本音に回帰しているのではないでしょうか。ですから、わたしは一料理人として、こういうおばあちゃんの味のようなおそうざいを残していきたいと思うのです。

筑前煮は、鶏肉と干し椎茸から出

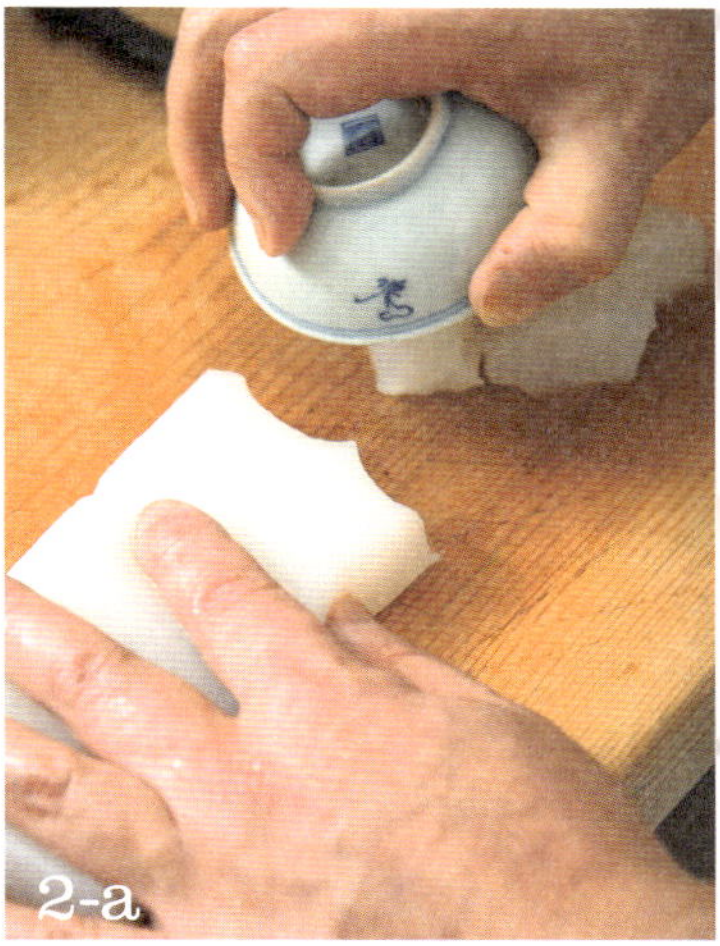

たうま味が、にんじん、れんこん、ごぼうなどの根菜によくしみた、定番の煮ものです。それぞれの素材のうま味を生かすため、かつお昆布ダシは使いません。

　根菜は下ゆでせずに、生の状態からごま油で炒めて煮ると、根菜からも香りとうま味が出ます。里いもも下ゆでしないので、里いもの持つ風味がそのまま残り、煮汁にはトロミがつきます。こんにゃくは、茶碗のフチなどを使ってひと口大にちぎります。こうすると、庖丁で切るよりも表面積が大きくなって、味がしみ込みやすくなります。

　筑前煮を作るときの、わたしなりのひと工夫は、いったん鶏肉の皮を焼いてから煮ることです。生の状態から煮ると、皮がグニャッとした食感になってしまうからです。かといって全体を焼いてから煮ると、鶏肉がかたくなってしまうので、身には火を通さず、皮だけをパリッと焼いてから煮ました。

ふんわりした口あたりとかぶの甘味を味わう

サワラのかぶら蒸し

材料（2人分）

- サワラ（切り身）…60g
- かぶ…5コ　•せり…15g
- きくらげ…2コ　•やまいも…6g
- 玉子の白味…6g　•塩
- かつお昆布ダシ…カップ$1\frac{1}{2}$杯
- うす口しょう油…大サジ1杯
- みりん…大サジ1杯
- 葛粉（または片栗粉）…大サジ$1\frac{1}{2}$杯

作り方

1　サワラをしょう油適量（分量外）にさっと浸して汁気をきり、ひと口大に切ります。きくらげは、水でもどして細切りにします。かぶは洗って、皮をむいてすりおろし、サラシでしぼって水気をきり、60gを使います。やまいもは皮をむいてすりおろします。ボールにかぶ、やまいも、白味、塩少々を入れて、手でよく混ぜます。ふんわりしてきたら、サワラときくらげを加えて混ぜます。半量ずつラップにのせて包み、とじ口を輪ゴムでしばり、それがすっぽり収まる位の大きさの器に入れます。蒸し器の湯を沸かし、中に器ごと入れ、強火で10分程蒸します。

2　あんを作ります。せりを細かく刻みます。葛粉は同量の水で溶かします。鍋にダシ、うす口しょう油、みりん、塩2つまみを入れて、中火で沸かします。沸騰したら、せりを加えて混ぜ、水溶き葛粉を入れてトロミをつけます。

3　1はラップを外し、水分が出ていたら、キッチンペーパーなどで拭き取って椀に盛り、2をかけていただきます。

淡い味つけを心がけ、素材のおいしさを味わいましょう

「サワラのかぶら蒸し」は、淡白なサワラとかぶの甘味を、かつお昆布ダシをベースにしたうす味のあんと一緒にいただく、やさしい味わいの蒸しものです。具は、サワラの代わりに、タイ、イカ、むきエビなどもよく合います。

濃い味つけの料理を食べると、人間は無意識に感覚を鈍らせ、逆に、うす味の料理を味わうと、感覚を研ぎ澄まして、舌が素材のおいしさを探そうとします。料理に自信がないと、どうしても濃い味つけにしがちですが、それでは素材のおいしさが隠れてしまう一方です。調味料を足すことで安心せず、自分で思っているより少しうす味にして味をまとめる努力を積み重ねると、素材やダシの味が際立つ料理が作れるようになります。

おいしくゆでた
ほうれん草が主役

ほうれん草のごま和え

材料（2人分）

・ほうれん草…150g
・白炒りごま…大サジ2杯

八方ダシ（出来上がり約200㎖）

・ダシ…160㎖
・みりん…大サジ1$\frac{1}{3}$杯
・うす口しょう油…大サジ1$\frac{1}{3}$杯

作り方

1　八方ダシを作ります。ボールに材料を入れて混ぜ合わせ、冷蔵庫でよく冷やしておきます。

2　ほうれん草は根元を切らずに、1本ずつほぐします。流水でよく洗い、根元の土を取ります。

3　ほうれん草が曲がらずに入る位の大きさの鍋に水を入れ、中火にかけます。沸騰直前になったら、ほうれん草を入れて弱めの中火にしてゆでます。ほうれん草を菜箸で持ち上げて、クタッと曲がるまで火を通したら、鍋から引き上げます。

◎高温でゆでないため、茎と葉を同時に入れても、ゆで上がりに差がありません。

4　ザルに上げて水気をきり、よく冷えた1の八方ダシのボールに移します。粗熱が取れたら、ボールのまま冷蔵庫に入れ、一晩おいて味をなじませます。

5　ほうれん草をボールから取り出し、軽く汁気をしぼります。長さ5等分に切ります。

6　すり鉢にごまを入れ、すりこ木で香りが立つまですります。ほうれん草を加えて和え、ごまが全体に行き渡ったら器に盛ります。

ほうれん草を色よくゆでましょう

野菜は切ってゆでるよりも、丸ごとゆでたほうが、うま味や栄養が残ることを覚えておきましょう。ほうれん草は根元にこそ甘味があっておいしいので、捨てずにいただきます。

ゆでるときに気をつけたいのは湯の温度です。グラグラと煮えた湯ではなく、沸騰前の温度でゆでることで、ほうれん草のピリッとした風味が残り、ふっくらとした食感が出ます。

ゆでたあとは、すぐに冷まします。熱いまま放っておくと、栄養が損なわれて色がとび、食感もぐったりしてしまいます。

「ほうれん草のごま和え」では、ゆでたほうれん草を、直接八方ダシに浸けて味を含ませました。ゆでて冷水に取ってから八方ダシに浸けるのではなく、そのまま冷たい八方ダシに浸けるほうが、八方ダシがよくしみます。

ホクホクと甘い海老芋は
冬ならではのおいしさ

海老芋と鶏肉の煮もの

材料（作りやすい分量）
- 海老芋…2コ（500g）

◎海老芋は里いもで代用しても結構です。
- 鶏もも肉…120g
- こい口しょう油…大サジ$1\frac{1}{3}$杯
- 米のとぎ汁、片栗粉、粉山椒

煮汁
- かつお昆布ダシ…カップ3杯
- 三温糖…25g
- しょう油…大サジ1杯
- たまりじょう油…小サジ1杯

作り方

1　海老芋は厚めに皮をむいてタテ半分に切ります。鍋に海老芋を入れ、米のとぎ汁をヒタヒタになるまで加えて中火にかけ、沸いたら弱火にして30～40分煮ます。竹串がスッと通る位まで柔らかくなったら海老芋をボールに移し、流水にさらします。手で表面をなでてぬめりを取り、水が透明になるまでさらします。

2　新しい鍋に煮汁の材料と海老芋を入れて中火にかけ、沸いたら弱火にして1時間程煮ます。

3　鶏肉は身と皮の間に庖丁を入れて皮をはがし、身をうすいそぎ切りにし、ひと口大に切ります。ボールに入れ、しょう油を加えて揉み込みます。

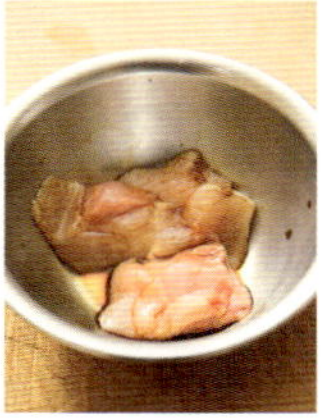

4　別の鍋に2の煮汁180mlと、片栗粉をうすくまぶした鶏肉を入れ、中火にかけて火が通るまで煮ます。

5　海老芋を食べやすい大きさに切ります。器に海老芋と鶏肉を盛り、粉山椒を振ります。

鶏肉をおいしく調理するコツをお話しします

鶏肉は高たんぱく、低カロリーで求めやすいので、おそうざいに適した食材です。しかも豊かなうま味があり、コツをおさえて調理すれば、ふっくらとジューシーにおいしくいただくことができます。「海老芋と鶏肉の煮もの」に使ったもも肉は、脚の付け根やもものよく動かす部位なので、ややかたいのですが、味が濃くてうま味があります。

鶏肉は、加熱後は味が入りにくいので、下味をつけてから調理します。鶏の唐揚げなども先に味をつけておきます。下味がしっかりとついていれば、仕上げのときに余分な調味料を加えなくても、鶏肉のうま味がぐんと引き立ち、おいしくなります。鶏の皮には脂が多いので、取り除きました。残った皮は捨てずに、炒め油の代わりに野菜炒めなどに使っても結構です。

親子丼 （作り方162～163頁）

サバのみそ煮（作り方164～165頁）

柔らかい鶏肉に
半熟玉子がトロリとからむ

親子丼

材料（2人分）

- 鶏もも肉…120g
- 玉子…4コ
- 長ねぎ…40g
- ご飯…360g
- うす口しょう油…小サジ2杯
- 片栗粉
- 海苔、三つ葉…各適量

八方ダシ（出来上がり約200㎖）

- かつお昆布ダシ…160㎖
- みりん…大サジ1 1/3杯
- うす口しょう油…大サジ1 1/3杯

作り方

1　鶏肉は身と皮の間に庖丁を入れ、皮をはがし、身に庖丁を斜めに入れて、うすいそぎ切りにします。バットに入れ、うす口しょう油を揉み込みます。

2　長ねぎは斜めうす切りにします。玉子はボールに割り入れます。手ですくって別のボールに移し、残った余分な水分を捨てます。

◎この余分な水分は「水様卵白」といいます。くさみの元なので、取り除いておきます。

3　材料の半量を使い、1人分ずつ作ります。鍋に八方ダシの材料を入れて中火にかけます。鶏肉に片栗粉をうすくまぶして（a）、入れます。長ねぎも加え、鶏肉の色が変わったら（b）、玉子を加えます。まず、白味だけを木ベラで大きく混ぜ（c）、白味が固まりだしたら黄味をつぶして軽く混ぜ（d）、半熟の状態で火を止めます。

4　丼にご飯をよそい、3をのせます。好みで長さ3㎝に切った三つ葉と、ちぎった海苔をのせます。

まず白味に火を通し、最後に黄味をつぶします

玉子料理のポイントは、水様卵白を取り除くことです。玉子を手ですくうと、白味の中の弾力がなくて水っぽい部分（水様卵白）があとに残ります。これは玉子のくさみの元なので、取り除きます。わたしの店「かんだ」で使う玉子は、すべてこの下準備をします。おいしくするためのひと手間を惜しみません。

玉子は、白味より黄味のほうが低い温度で固まります。混ぜてから焼くと、白味が固まるまでに黄味が固まりすぎてパサパサしてしまいます。「親子丼」は、最初に白味と黄味を混ぜずに、そのまま鍋にポトンと落として、まず白味だけを固めます。

1

3-a

3-c

2

3-b

3-d

最後に黄味をつぶすことで時間差でちょうどよく火が入り、トロリと濃厚な食感が出ます。この方法は、いろいろな素材で作る玉子とじにも応用できますので、ぜひお試しください。

　くり返しになりますが、鶏肉は、加熱後では味が入りにくいので、下味をつけてから調理します（158頁）。もも肉は味が濃いので、しょう油で下味をつけますが、親子丼はあっさり仕上げたいので、うす口しょう油にしました。煮る前に肉に揉み込んでおくと、鶏肉のうま味がぐんと引き立ちます。また、鶏肉は加熱すると中から水分が出てかたくなりやすいため、下味をつけたあとに片栗粉をまぶしてコーティングします。すると、鶏肉に下味がしっかりと残り、水分とともにうま味を肉の中に閉じ込めることができます。

　ほんの少しのコツで、これまでの親子丼がワンランク上の味になります。ぜひお役立てください。

さっぱりした赤みその
タレがサバにからまる

サバのみそ煮

材料（3人分）

- サバ（切り身）…3切れ（150g）
- 日本酒…カップ3/4杯
- 水…カップ3/4杯
- 三温糖…大サジ1杯
- 赤みそ…30g
- 薄力粉
- ごま油

作り方

1　サバの両面に薄力粉をうすくまぶします。

◎薄力粉はハケを使ってまぶすと、切り身にうすく均一につけることができます。サバに薄力粉をまぶすことで、うま味を閉じ込めることができます。

2　フライパンを中火にかけ、ごま油大サジ2杯を熱します。サバを、皮を下にして置き（a）、皮が少し焦げるまで焼いて、返します（b）。

◎ごま油でサバを焼くと、サバのクセを抑えることができ、風味が増します。

3　水、日本酒、三温糖を加えて（a）、アルミホイルで落としブタをします（b）。弱火にして、途中でサバを返しながら、7分煮ます（c）。

4　煮汁が半分位まで減ったら、小さなボールに赤みそを入れ、少量の煮汁で溶かしてからフライパンに加えます。煮詰めながら、サバに煮汁をからませます。

◎麦みそや田舎みそに比べて、赤みそは製品による塩分量のばらつきが少ないので、今回は赤みそを使いました。

5　仕上げにごま油大サジ1杯をまわしかけ、火から下ろします。

6　器にサバを盛り、煮汁をかけます。煮汁と一緒にいただきます。

みそ煮をさっぱりと
仕上げましょう

「サバのみそ煮」は、秋から冬にかけて脂がのっておいしくなるサバを、赤みそのさっぱりとした味わいでいただく煮つけです。

おいしく仕上げるコツは、サバを焼く前に、サバの表面にうすく薄力粉をまぶしつけること。サバにうま味を閉じ込めることができますし、薄力粉が煮汁に溶けて、トロミづけの効果もあります。また、煮る前にごま油でサバを焼くことで、サバの皮の生ぐささやヌルッとした食感を抑えることができます。

みそは、塩分量のばらつきが少ない赤みそを使いました。市販の赤みその塩分濃度は、12％前後のものが多いようですが、ご家庭で使われるみその塩分量をみて、分量を加減してください。

サバは、イワシやアジと同じで、背が青くて身が柔らかい魚です。サ

バにはマサバ、ゴマサバなどの種類があって、とくにマサバは寒い季節に脂がのっておいしくなります。

サバのように脂ののった魚は、焼いていただくなら、シンプルに塩焼きにするだけで充分おいしくなりますが、煮るときには脂が出るので、それを補うための塩分やコクを加えて、濃い味つけで煮なくてはなりません。ただ、濃い味つけと言っても、身の中にしみさせる必要はありません。周りにしっかり味をつけておいて、味のついていない身の中の味との対比が味わえるように、短時間で煮つけるのです。

一方で、脂がのっていないサワラやカレイなどの淡白な白身魚の場合は、火が入るとかたくなるので、みそ漬けなどにして、魚の表面に膜を作ると、焼けたときに水分が外に出ていかず、柔らかく焼けます。煮るときには塩分を補うのではなく、酸味を補うなどして味を完成させるのです（94頁）。

ねばねばの食感を
さっぱりといただく

茶そばとろろ

材料（4人分）

・茶そば（乾麺）…200g
・つくね芋…160g
◎つくね芋がなければ大和いもでも結構ですが、長いもはサラッとしていて向きません。
・刻み海苔…適量
・万能ねぎ…適量
・わさび

めんつゆ（出来上がり約730㎖）

・かつお昆布ダシ…カップ2 3/4杯
・しょう油…カップ1/2杯
・みりん…80㎖

作り方

1　めんつゆを作ります。ボールに材料を入れ、泡立て器などでよく混ぜ合わせます。

2　つくね芋は、皮をむいてすりおろします。万能ねぎは刻みます。

3　大きめの鍋に湯を沸かし、茶そばを入れます。箸で混ぜながら、表示時間通りにゆでます。ザルに上げて、流水で揉み洗いし、氷水で冷やします。

4　3を4等分し、よくしぼって水気をきり、1人用の器に盛ります。その上から、1/4の量のめんつゆを注ぎ、すりおろした1/4の量のつくね芋をのせ、刻み海苔、万能ねぎ、わさびを添えます。全体をよく混ぜていただきます。

◎このめんつゆは、冷たいそば、うどん、そうめんなどに合わせた配合です。温かいそば、うどん、そうめんなどのつゆにする場合は、ダシの分量を多めに配合しましょう。

冬は根のものがおいしい季節です

冬は、海老芋やつくね芋、大和いもなど、土の中で育った根の野菜がおいしい季節です。

冬になると、地上の植物は枯れ、地に落ちます。そうして、大地は豊かになり、そこに生きるものを育むのです。

四季折々の旬のものをいただくというのは、自然のサイクルに合わせて、そのエネルギーをいただくということにほかなりません。

今は品種改良が進んで、はっきりとした旬のある食材自体がとても少なくなりましたが、本来の旬の時期には栄養価が高くなります。

もし出回る時期が限られる旬の食材を見かけたら、ふだん使い慣れない食材でも、ぜひ料理に取り入れてみてください。毎日のおそうざいに変化がつきますし、食卓に季節感が生まれ、家族の会話も弾むでしょう。

ほんのりと甘く
淡い味わい

かぶの炊き込みご飯

材料（4人分）

- かぶ（茎つき）…3コ
- 油揚げ…1枚
- 米…2合
- かつお昆布ダシ…カップ2杯
- みりん…大サジ$1\frac{1}{3}$杯
- うす口しょう油…大サジ$1\frac{1}{3}$杯
- 塩

作り方

1　米をとぎ、30分ほど浸水させたら、ザルに取って水気をよくきります。

◎米は、吸水させたあと、余分な水気をしっかりきると、炊き上がりが水っぽくならず、ふんわりと仕上がります。

2　かぶは上下を切って、皮を厚めにむき、1cm角のさいの目切りにします。かぶの茎1コ分はよく洗い、細かく刻んでから塩少々を振って揉みます。小鍋に湯を沸かし、油揚げを湯にくぐらせて油抜きし、1cm角に切ります。

3　土鍋に米を入れ、厚みが均一になるよう広げます。ボールにかつお昆布ダシ、みりん、うす口しょう油を入れて混ぜ、土鍋に加えます。その上に、かぶと油揚げをのせ、フタをします。弱火で3分、強火で5分で沸騰させます。中弱火で5分、弱火で5分したら、火から下ろし、かぶの茎を加えてすぐにフタをして5分蒸らします。

4　よく混ぜてから、器に盛っていただきます。

素材のうま味を余さずいただきます

冬から早春にかけて、根菜類がおいしい季節におすすめの炊き込みご飯が「かぶの炊き込みご飯」です。

かぶの代わりに大根でも合いますが、大根は、一回ゆでてから炊く必要があります。かぶは、大根に比べてセンイが柔らかく、火が早く通るので、下ゆでをせずに炊くことができるのです。

かぶを使うと、仕上げに茎の塩揉みを加えて、苦味や食感が加えられるのもよいところです。かぶの持つ、ひなたのような温かい香りに、ほっとします。

厚くむいて残ったかぶの皮は、細切りにして、生《き》じょう油で揉んで、一味唐辛子をかけると即席漬けになります。

土鍋ではなく炊飯器で炊いても結構です。浸水時間は、ふだん通りにします。

文旦ゼリー（作り方172頁）

マスカットゼリー（作り方173頁）

文旦の皮を器に、ほろ苦い風味を楽しむ

文旦ゼリー

材料（作りやすい分量）

・文旦…1コ
・水…大サジ3杯
・グラニュー糖…20g
・粉寒天…1g

作り方

1　文旦を半分より少し上の位置で真横に切ります。大きい方は、皮に実より少し大きめに庖丁をぐるりと入れて、切り目に親指を入れ、手で実を取り出して器にします。小さい方の実も取り出し、すべての実のうす皮と種を取ります。

2　果肉をミキサーに入れて1分弱撹拌します。途中で内側についた果肉をゴムベラでこそぎます。漉し器で漉して、果汁を取ります。果汁はカップ3/4杯分使います。

3　耐熱性のボールに水、グラニュー糖、粉寒天を入れ、ラップをかけずに500Wの電子レンジで1分30秒程加熱します。途中で混ぜながら、粉寒天を完全に溶かします。

◎寒天をしっかりと溶かすことが、固めるためのポイントです。

4　3に2の果汁を少しずつ混ぜながら加えます。

◎味見をして、グラニュー糖を少量足しても結構です。

5　器にする皮が転がらないように茶碗などに入れ、4を流し入れ、ラップをかけて冷蔵庫で1時間程冷やします。固まったら好みの大きさに切り分けます。

◎グレープフルーツなどでも同じ割合で作ることができます。

さわやかなデザートを2品ご紹介します

お菓子作りで最も大事なことは、正確さ。分量を正確に量り、手順を簡略化せずレシピ通りに作ります。ご飯やおかずを作るときよりも、お菓子作りのほうが正確さを求められます。今回ご紹介したゼリーなどのお菓子は、食感や温度がとても重要です。分量や手順が少し違うと、かたすぎたり、柔らかすぎたり、うまく固まらないこともあります。正確にさえできれば、技術的には難しくありませんので、ぜひチャレンジしてみてください。お店に売っているような、あこがれのデザートがご家庭でも作れます。

「文旦ゼリー」のポイントは、温

ミントの清涼感と柔らかさが魅力

マスカットゼリー

材料（作りやすい分量）

・マスカット…適量
・ミントの葉…適量
・グラニュー糖…60g
・板ゼラチン…8g

作り方

1　氷水に板ゼラチンを1～2分浸してふやかします。

◎ゼラチンを浸す水は、温かいとゼラチンが溶けてしまうので、氷水でふやかしましょう。

2　鍋に水カップ2 1/2杯を入れて中火で60℃位に温め、火から下ろします。グラニュー糖を加えて溶かし、水気をきった板ゼラチンを入れてよく溶かします。ボールなどに移して、底を氷水にあてて冷まします。冷めたら冷蔵庫に入れ、固まるまで1時間ほど冷やします。

◎水を沸騰させると、蒸発して分量が減りますし、ゼラチンを沸騰させるとゼリーが固まりにくくなるので、水温に注意します。

3　2のゼリーが冷えてゆるく固まったら、菜箸などでゼリーを粗くくずします。せん切りにしたミントの葉を加えて混ぜます。

4　マスカットは、皮ごとタテ半分に切り、種があれば取り、3に加えて混ぜます。あらかじめ冷やしておいたグラスに盛ります。

◎マスカット以外にも、桃、オレンジ、メロン、巨峰と洋梨の組み合わせなど、フルーツ全般に合います。

めた液体の中で粉寒天をしっかりと溶かすことです。粉寒天がすべて溶けるまで、電子レンジにかけながらよく混ぜましょう。冷やし固める前に、味見をして砂糖を足して調整しても結構ですが、文旦は苦味がおいしいところです。そして、苦味が甘味を引きしめますので、できるだけその苦味を生かして、甘くなりすぎないようにしましょう。

「マスカットゼリー」は、ミントで香りづけしたゼリーとマスカットを一緒にいただくことで、よりさわやかな味わいとなります。見た目にも涼しい印象になりますので、暑い季節におすすめです。またこのゼリーは、フルーツに添えるだけでおもてなしのデザートになります。桃、オレンジ、メロン、巨峰、洋梨など旬のフルーツに合わせてお楽しみください。

冷たいものをいただくときは、器を冷やしておいてから盛る心遣いを。よりおいしくいただけます。

主材料別索引

この本に掲載しているおそうざいを、主な材料によって分類しました。「この材料で何を作ろうか」というときに、お役立てください。

肉のおそうざい

魚介のおそうざい

豆腐のおそうざい

ご飯

めん

甘味

あとがき

本書は、『暮しの手帖』４世紀53号〜85号（２０１１〜２０１６年）に連載した「新・おそうざい十二カ月」の内容を、一部加筆、修正してまとめたものです。特にかつお昆布ダシのとり方は、連載ではわたしの店と同じ材料で、しっかりと煮出す方法をご紹介しましたが、あらためて今、家庭料理に求められていることを考え、母にもアドバイスをもらって、手に入りやすい材料で充分においしくとれる方法をご紹介しました。

料理は好きになってこそ、上達の道が拓けます。本書がその一助となり、毎日のおかずに心を込めて、ずっとおいしいわが家の味を作っていくために、少しでもお役に立てば幸いです。

最後に、わたしを料理の道に導いてくれた父・文美、母・一子と、撮影に協力してくれた中島功太郎、常安孝明、金島将悟、黒崎有美、勝俣沙恵蘭、本書をお読みいただいたみなさまに感謝申しあげます。

神田裕行（かんだひろゆき）

１９６３年徳島生まれ。大阪で日本料理の修業後、１９８６年に渡仏、日本料理店の料理長に。１９９１年に帰国、徳島の「青柳」で13年間勤務ののち、２００４年、東京・元麻布に「かんだ」を開店。２０１７年５月現在、ミシュランガイド東京において10年連続で三つ星を獲得している。著書に『日本料理の贅沢』（講談社）がある。農林水産省料理マスターズ受賞。

神田裕行のおそうざい十二カ月

平成二十九年五月二十六日　初版第一刷発行

著　者　神田裕行

発行者　阪東宗文

発行所　暮しの手帖社　東京都新宿区北新宿一ノ三五ノ二〇

電　話　〇三－五三三八－六〇一一

印刷所　株式会社リーブルテック

落丁・乱丁がありましたらお取り替えいたします。定価はカバーに表示してあります。

ISBN 978-4-7660-0203-4　C2077

料理　神田裕行
写真　川村　隆
挿画　岩瀬敬美（guse ars）
デザイン　林　修三
熊谷菜都美（リムラムデザイン）